JN119284

ビルマ独立義勇軍から国軍クーデターへ

1941
2021

歴史をたどり
民主化運動と
日本の責任を考える

柳田文男

日本機関紙出版センター

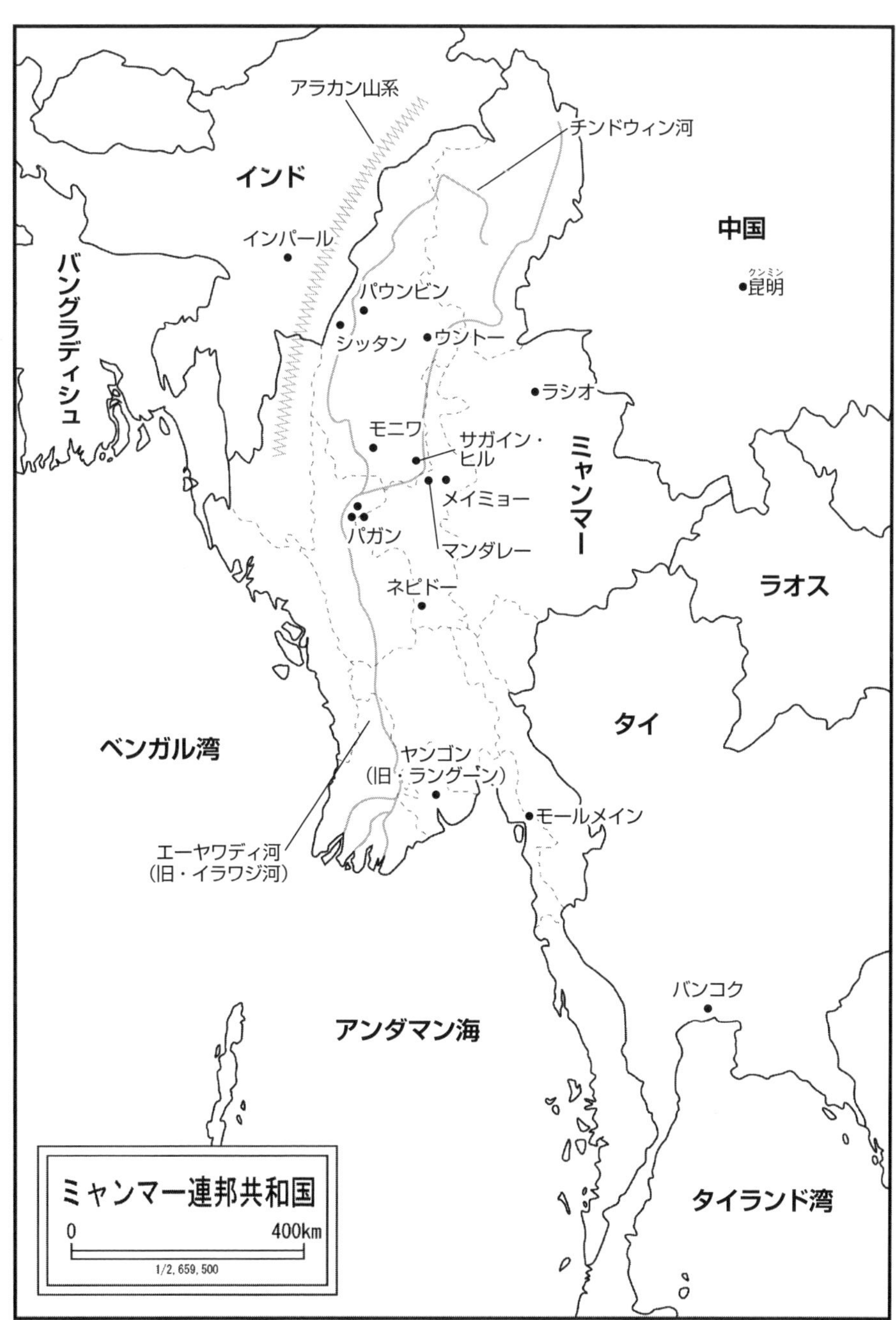
アラカン山系
チンドウィン河
インド
中国
インパール
クンミン
昆明
バングラディシュ
パウンビン
シッタン
ウシトー
ラシオ
モニワ
サガイン・
ヒル
ミャンマー
メイミョー
パガン
マンダレー
ラオス
ネピドー
タイ
ベンガル湾
ヤンゴン
(旧・ラングーン)
モールメイン
エーヤワディ河
(旧・イラワジ河)
バンコク
アンダマン海
ミャンマー連邦共和国
0
400km
1/2,659,500
タイランド湾
白地図専門店 freemap.jp

はじめに

私は、戦後50年目の節目となる1995年7月（今から26年前）、アウンサンスーチー（Aung San Suu Kyi）氏が一度目の自宅軟禁を解放された同時期に、約3週間に渡ってビルマ（ミャンマー）各地を訪問しました。訪問のきっかけとなったのは、インパール戦にて、私の実家がある京都府北部の小さな村からも2名の若い兵士が戦死されたこと、そして私の中学・高校時代の恩師がインパール戦で指揮をとった中隊長であり、負傷しながらも奇跡的に生還した人であったことなどの理由にあります。そのため、訪問の目的はインパール戦に参加して亡くなった多くの将兵の方々への鎮魂、ならびに戦いの実態を調査するためという二つがありました。当時のミャンマーは、アウンサンスーチー氏を軟禁していた軍事政権が非常に強い時期であったため、その旅行には当然多くの制約があり、目的とするインパールに達することはできませんでした。

インパール戦の司令官だった
牟田口廉也

出発の起点は、インパール戦の基幹部隊である第十五軍（司令官牟田口（むたぐちれんや）廉也中将）の本部が設置されていた中部の高原地メイミョーからでした。そこから、第十五軍傘下で京都にて編制された第十五師団（祭（まつり））がインパールへと進撃し、そして敗走してきた道をたどりました。当時の軍事政権は、軍事的理由から、外国人の行動範囲を主要都市間の鉄道沿線周辺のみに限定していました。そして、滞在の許可期間は4週間のみでした（それ以前は1週間）。その範囲は、首都のヤンゴンから中部に位置する第二の都市マンダレーの沿線周辺の範囲のみでした。そのため、第十五師団が進撃していったインパールは無論のこと、インド国境近くの行程をたどることはまったく不可能なことでした。しかし、何としても目的地へ行くのだという私の無謀さが、制限されていた地域を越えてインパールへと足を向けました。

当然のことですが、私は行動範囲逸脱ならびに不審者という理由でイミグレーション（入国管理局）と国境警備隊に逮捕・拘束されてしまいました。しかし意外なことに、私は彼らの「善意」によって多くの旧日本軍将兵が飢えと病気のために無惨にも斃（たお）れていった山野、すなわち後世「白骨街道（はっこつかいどう）」とよばれたアラカン山系の地までたどりつくことができたのです。厳しい軍事政権の時代でしたが、地方官吏や地方（農村部）の人々の温かい好意と親切によって目的を達することができたのです。

当時の農村の人々の生活は、日本の戦後期あるいは昭和30年代を思わせるような貧しい生活でした。川の水を利用し薪で煮炊きをするという自給自足の生活は、私が子どもの頃に体験した生活そのものでした。しかし、その心はとても温かいものであったことを記憶しています。「ジャポン、ジャポン」と気さくに声をかけてくれ、あれこれと親切に接してくれました。それは、日本人だからという、日本で言われているビルマ人の「親日」からでは決してありません。ビルマの人々が本来もっている、心からの優しさなのだということに気付きました。上(じょう)座部(ざぶ)仏教(ぶっきょう)から生じたものであったかもしれませんが、彼らの親切心には今でも本当に感謝しています。

ジャングルの中での生活も想定していたので、66リットル用の山岳ザックに飲料水、炊事用具、衣類などを詰め込んで、旧日本軍と同じように原則徒歩の旅を予定していました。しかしながら、目的地があまりにも遠路だったので、可能な範囲で鉄道、タクシー、バス（多くがトラック）、船を利用しました。3週間のビルマ（ミャンマー）の旅を通じて、私は日本軍の戦いの状況とビルマの人々の日本軍に対する思いの一端を多く知ることができました。その中でも今も私の心に強く残る戦争の加害と被害にかかわる二つのことを記しておきます。

一つは、タクシーで各地へと私を案内してくれた運転手タタ（仮名）さんの言葉です。年齢が40歳ぐらいの彼は、一時期日本で働いていたこともあり、日本語が話せるとても温厚で親切な人でした。私が日本人であることを知り、「日本政府のビルマへの経済援助は、軍事政権を強固にするだけで、国民にとって何の恩恵もありません」と言う人でした。その彼と、マンダレーからイラワジ河（エーヤワディ河）にかかる長いサガイン鉄橋を渡り、第十五師団の集結地ウントーへ向かった時のことです。途中、サガイン・ヒルの丘陵地へ立ち寄りました。サガイン・ヒルは、ビルマ独特のパゴダ（仏塔）が立ち並ぶビルマ聖地の一つです。そこには、戦後に日本からやってきた旧軍人たちによって建立された慰霊碑や記念館（建設中）も数多く立っていました。その時、タタさんはその慰霊碑を前にして、声を落として次のようなことを私に言ったのです。

要約すると「戦前、日本軍（人）は他国へ土足で勝手に乗り込んできて、武器を手にしてビルマを占領支配し国中を荒らしました。それなのに、戦後は何事もなかったかのようにして再びやってきて、戦友のためだとか言って慰霊碑をあちらこちらに立てて帰る。……いったい私たちビルマの国やビルマ人が、他国（日本）から攻め込まれるようなことを何かしたのでしょうか」という言葉でした。私は、彼のその問いかけに応えることができませんでした。

白骨街道の埋葬地（筆者撮影）

二つは、イラワジ河の支流であるチンドウィン河の下流にある港町モニワ（モンユワ）から、古い小型の木造船で、上流のパウンビンという第十五師団の第二集結地へ向かっていった時のことです。乗船客の一人が「この先の山中に、今も残留日本兵がいる」と教えてくれたので、私は「ぜひ会ってみたい」と考え、その出発地点となるシッタンという小さな村で急きょ下船しました。そこは、チンドウィン河の中流にある日本の地方農村を想いだすような小さな田園の村でした。山を背景にして、東大寺正倉院に似た高床式の小さな小学校（中学校との併設）がぽつんと建っていました。私は村人から日本兵を集団で埋葬した場所の一つに案内されました。そこは雑草が生い茂り、埋葬地であることを示す墓標などは何もない窪地でした。何ともいえない、さびしい風景で、日本から持参した線香をたむけて手を合わせました。

その埋葬地があったチンドウィン河西岸のシッタン村は、インパール戦で大敗した日本兵たちが、雨季のアラカン山系（ジャングル）の中を、飢えと病気のためにやせ細りながらもやっとの思いでたどり着いた場所の一つだったのです。しかし、無情にも5月以降の雨季を迎えていたチンドウィン河は、増水し強い濁流となっていたのです。そのため、衰弱した日本兵にとっては、濁流を渡り対岸へ渡ることはとても困難なことでした。その結果、追撃してきた英印軍との戦闘で、多くの日本兵が戦死したと村人は教えてくれました。村人たちは、日本軍兵士のそのような戦死を憐れんで、村のいくつかの場所に分散して集団で葬ってくれたということでした。戦争の残酷さと哀れさが残るシッタンの村でしたが、村人たちのそのようなあたたかい好意の中に、私は人間の優しさを強く感じとることができて深く感謝していました。

帰国直後、私はこのシッタン村に多くの日本人将兵が埋葬されているという事実、そして残留日本兵の噂について、当時の小泉純一郎首相と厚生労働省宛に連絡し、遺骨収集と現地探索をお願いし、私に役立つことであれば何でも協力したいと申し出ました。しかし、それに対する明確な調査の回答がなかったため再度の要請もしましたが、現在に至るまで小泉氏からも厚生労働省からも、その後の調査結果等シッタンでの遺骨収集を実施する旨についての何らの回答もありません。私は、これが日本政府の戦争と遺骨収集に対する実態であることを実感しています。

このように、私は、ビルマにかかわる軍政史の一部については少なからず論じることができますが、正直なところ通史的にビルマを論じることは難しいことでした。そのことを理解された上で、本書をビルマ理解の一つの資料として読んでいただければ嬉しく思います。

さて、2021年2月1日、ミャンマー(旧ビルマ)国内で、ミンアウンフライン国軍総司令官の指揮のもと、国軍のクーデターでアウンサンスーチー政権が倒壊しました。そして現在、スーチー氏ら国民民主連盟(NLD)の閣僚たちが逮捕・拘束される事態となり、実質的な軍事政権による政治支配が始まっています。その結果、国軍の違法なクーデター行為に対して、多数の学生・市民による反国軍のデモが各地で展開されています。しかし、国軍側はそうした無抵抗でのデモ集団に対して、銃の発砲という無差別な弾圧をくり返し多数の死傷者を出しています。さらに、長く国軍との抗争が続いていた少数民族の武装組織が、学生・市民と連携するなど各地で戦闘も発生しており、問題解決が長期化することが予測されます。

5月24日、国家顧問であったスーチー氏が、拘束後はじめて首都ネピドーに設置された臨時法廷の非公開公判に出廷しました。彼女はそこで弁護団と面会した際、国民民主連盟（NLD）について、NLDは「人々のために結成された。人々がいる限り、NLDは存在するだろう」という国民向けメッセージを託しました。これはNLDを中心として、ミャンマー国内における民主化運動をさらに展開していくという彼女の強い意思表明です。それに対して国軍のミンアウンフライン総司令官は、それ以前の5月、香港テレビのインタビューの中でスーチー氏の業績はすでに終了したと述べ、さらに「多党制に基づく連邦国家建設を1年以内に実現したい」とも述べています。それは、現在まで民主化運動を展開してきたNLDの政治活動が終焉したことを宣告するものであり「多党制」を認めるとしつつも、国軍を基軸とした国づくりをさらに推し進めるという宣言とも受け取れます。

このように、アウンサンスーチー国家顧問とミンアウンフライン国軍総司令官との間には、統治としての政治形態そのものに埋めることのできない溝があるようです。したがって、今後の問題解決は前途多難なことが予測されます。では、この両者間における対立の政治的背景には、いかなる問題が存在するのでしょうか。そこには、今回、国軍が力によるクーデターを実行した理由も存在していることが考えられます。

私はその問題解決の糸口を探るためには、国軍が旧日本軍によって創建された先のアジア・太平洋戦争期までさかのぼる必要があると考えています。なぜなら、現在のミャンマー国軍の源流とされている「ビルマ独立義勇軍」（ＢＩＡ）は、アウンサン将軍たちによって、独立という大きな目標をもって創建されていたからです。当初、「独立義勇軍」は、旧日本軍の手によって創設されたのですが、アウンサン司令官は、「独立義勇軍」自らの力によってイギリスの植民地から独立し、ビルマ人によるビルマ国をつくっていく理想を持っていました。すなわち国軍の使命と責任は、その「理想」に基きこの時にすでに定義づけられていたのです。そして、このアウンサン将軍こそアウンサンスーチー国家顧問の父親であり、「建国の父」として尊敬されている人物であるということはよく知られている事実です。

彼らは「独立義勇軍」創建後、日本軍と共に行動し、イギリスに対する独立運動を展開していきます。しかし、日本軍が当初に約束していた「独立」を反故にしていく過程において、逆に日本軍に対して反旗を翻して抗日戦を戦う中で、独自に独立運動を展開していきました。そして、戦後の１９４８年１月４日、かつて宗主国であったイギリスから、正式にビルマ連邦として独立を勝ちとったのです。

それゆえに、直接・間接的に国軍創建に関わった日本であることを考慮する時、日本政府そして私たち日本人は、このようなミャンマーの緊急事態の問題解決に対して、どのように行動するべきなのかということも問われていると考えます。本書がそのための一つの参考資料として活用に供することができればと切望しています。そして、戦前から現在にいたるまでの日本とビルマとの関係を、その歴史・政治・経済などの各分野を簡潔に振り返り整理することで、問題解決への一つの道をさぐっていきたいと考えています。

なお、現在の「ミャンマー」（Myanmar）という国名の呼称は、ビルマ語の「文語」読みです。そして、それは1948年の独立当時から呼称されています。しかしながら、1989年6月、軍事政権はこれまで対外的に英語表記としていた「バーマ」（Burma）という「口語」読みを、以後「ミャンマー」に統一すると決定しました。軍事政権側は、その理由として「ミャンマー」が少数民族を含む国民全体を意味するものであると解釈・決定したのです。しかし、二つの呼称の意味には大きな相違点はなく、どちらも多くの少数民族をも含んでいるとする国名ではないのです。それらは、共に狭義の「ビルマ民族」が住む空間を意味しているだけです。なお、ビルマ独立運動の中心となったナショナリスト団体のタキン党（我らのビルマ協会）は、「ミャンマー」でなく口語読みの「バーマ」（「ビルマ」）の呼称こそがビルマ国民を代表するものだとしていました。ただし、そのビルマ国民の範疇を、英領下に住んでいる少数民族を含むすべての土着民族としていたことに注意しなければなりません。

日本では、戦前に漢字（中国）表記の「緬甸（めんてん）」というビルマ表記が使用されることもありましたが、一般的にはオランダ語表記の「ビルマ」（Birma）という読みが明治初期に導入され、以後慣習的に使用されてきました。現在、日本政府は、軍事政権が決定した「ミャンマー」の呼称を国連と同様に使用しています。ただし、地名等については、「口語」読み・「文語」読みの両方を併記している場合があります。例えば、ヤンゴンとラングーン、エーヤワディー河とイラワジ河などの表記です。

本書では、国名の呼称について、戦前からの旧日本軍との関連事項を多く論じることもあり、また日本において長く慣習的に使用されてきたことなどから、1989年に軍政によって国名が「ミャンマー」に変更されるまでを「ビルマ」、そして変更後は「ミャンマー」と表記することとします。その他、現在も日本で一般的に使用されている地名等については旧来のままとします。ちなみに、現在（2021年）の公式名称は英語表記で「ミャンマー連邦共和国」(The Republic of the Union of Myanmar) です。

なお本書の主たる構成は、題名にあるように、ビルマの独立運動と現代の民主化運動に焦点を置いています。そして、その当事者であるアウンサン将軍と国軍、ならびにアウンサン将軍の娘であり民主化運動の指導者となっているアウンサンスーチーを中心とした内容を基本として構成しています。

〈もくじ〉ビルマ独立義勇軍から国軍クーデターへ

はじめに　4

第1章　ビルマ王朝からイギリスの占領支配へ　17
（1）ビルマの地勢と概況　18
（2）ビルマの歴史　―古代国家の成立からビルマ王国の滅亡―　21
（3）英緬戦争とイギリスの植民地支配　24
（4）ビルマ・ナショナリズムの台頭　28

第2章　ビルマ独立義勇軍と日本軍のビルマ占領
―ビルマ国軍の源流と旧日本軍との関わり―　33
（1）日本軍のビルマ進出と占領　34
（2）「ビルマ独立義勇軍」と日本軍「南機関」　37
アウンサンとタキン党の活動　37
「南機関」と「ビルマ独立義勇軍」　41
「ビルマ独立義勇軍」の誕生　44

（3）日本軍のビルマ占領と「ビルマ独立義勇軍」 49
（4）ビルマの「独立」と日本軍の占領 53
第3章　ビルマ独立への歩み 57
（1）日本軍への連合国の反撃と義勇軍の反旗 58
（2）ビルマ独立に向けて 65
第4章　独立後のビルマ政治と国軍 73
（1）「ビルマ連邦」の独立　―ウー・ヌの政治― 74
（2）ネ・ウィン（ネイ・ウィン）の政治 76
（3）1988年の民主化闘争と軍のクーデター 85
第5章　民主化運動とアウンサンスーチー政権 89
（1）アウンサンスーチーの思想基盤 90
（2）アウンサンスーチーの民主化運動と国軍 94
（3）アウンサンスーチーの政治思想とその政権 107

第6章　日本政府のODA援助・日本企業のビジネス進出と国軍の関わり　121
（1）日本政府と国軍との政治的関係　122
（2）日本政府・日本企業とビルマ（ミャンマー）との経済的関係　132
第7章　国軍クーデターとミャンマー国民の現在
――日本の責任を考える――　143
（1）国軍の「主権」回復を狙う　144
（2）広がる「不服従」抵抗運動　149
（3）日本国内でも抗議活動展開　151
（4）国軍と「独自のパイプ」を持つ日本政府の疑惑　158
（5）私たちの責任を考える　162
おわりに　166
ビルマ（ミャンマー）近現代史年表　168
参考文献　177

第1章

ビルマ王朝からイギリスの占領支配へ

（1）ビルマの地勢と概況

ビルマは東南アジアに位置し、面積は約68万平方キロメートルで、日本の約1・8倍の広さである。日本との時差は2時間30分となっている。周辺をインド、バングラデシュ、中国、ラオス、タイの5カ国と国境を接し、地形的には、中央部に主流のエーヤワディー河（イラワジ河）が北から南に流れてアンダマン海に注ぎ込み、西部・北部・東部は険しい山岳地帯となっている。行政的地域としては、7管区7州に区分されている。

気候は亜熱帯に属し、南部は熱帯モンスーンの影響を受けているために1年を通じて温暖な地域となっている。そして、雨季と乾季の区別があり、雨季には季節風が吹く5月から10月に雨が集中的に降り、降水量4500ミリに達する世界的な多雨地域もある。一方、南北に長い地形のために、北部の山岳地帯では年間を通じて雪が残る高山も存在する。かつての首都であったヤンゴン（ラングーン）が位置する地域は下ビルマと呼ばれ、温暖な湿潤地帯である。それゆえ代表的なビルマの米作地域となっており、また米の二期作も可能である。第二の都市マンダレーを中心とする中部高原一帯は上ビルマと呼ばれ、広大な乾燥地帯を形成し米作よりも畑作が基本となる。

現在のビルマ人口は約5445万人（2020年1月現在）で、平均年齢が29歳と若いことが特色である。そのうち、ビルマ族が68％と大多数を占め、ビルマ語（ミャンマー語）が公用語として使用されている。しかし、国境周辺部にシャン族、カチン族など多くの少数民族が住んでおり、１３５ともいわれる民族で構成される多民族国家となっている。そのために各民族固有の言語を有するものの、同じ民族の中でも地域が異なれば言語も異なるなど、多くの言語が使用されている。公用語はビルマ語である。かつてイギリス領であった関係で、英語教育が長く実施されていた。若い人々を中心に英語を話せる人もいる。

宗教は、ビルマ族を中心として仏教徒が約87%と多数を占める。これは、ビルマが独立以後、政府による国民統合を推し進めるためにとってきた政治的な成果であると推測できる。その他少数ではあるが、イギリスの植民地であった関係からキリスト教徒が約６%、イスラム（ムスリム）教徒が５%、ヒンズー教０・５%、そしてわずかだがアニミズム（精霊信仰）の少数民族がいる。

多数の国民が信仰する仏教は、日本と異なり上座部仏教（日本では「小乗仏教」）と呼称され、東南アジア地域に広く布教されている流れである。それに対して、日本・中国などは「大乗仏教」（ビルマでは大衆部仏教）として布教されてきた。

ビルマにおける上座部仏教は、仏教の担い手を個人として捉え、そこに「出家」と「在家」の二種類の仏教徒が存在する。いわゆる「出家」した僧侶は、自力救済を重視するゆえに、非常に厳しい戒律を護りながら修行実践して仏陀としての悟りを得んとする。しかし、多数の国民は「在家」として、修行の困難に代わる形で僧侶にお布施などの功徳を積むことによって自力救済されることを目的とする。日本の禅宗に近いものであろうか。それに対して、日本などのビルマでいう大衆部仏教（「小乗仏教」）は、釈迦（仏陀）の慈愛を受けることで、生きているものすべてが救済されるという教えとされている。すなわち、日本の仏教を「大乗仏教」（大衆部仏教）および、ビルマなどの仏教を「少乗仏教」（上座部仏教）として区別しているのは、後者が少数の選ばれた者（上流階層の人々）しか救済しない「小さな乗り物」という「小乗」として差別化しているためである。したがって、両者の間に仏教としての教義や価値観に上下関係はまったくなく、また仏教徒としての差異はまったくない。

ビルマの寺院パゴダは各地にある（筆者撮影）

　ビルマにおける上座部仏教を現在のミャンマー問題の中で捉える場合、アウンサンスーチーが敬虔（けいけん）な上座部仏教徒であることをまず確認しておかねばならない。その上で、彼女が民主化運動に取り組む政治的行動の一つに、極めて強い上座部仏教徒としての教えが存在し、その教えを実践していこうとする姿勢が遵守されているということであろう。そのことは、彼女が軍事政権（国軍）

の非民主的政治に対峙して取り組んでいる行動を見る場合、見過ごしてはならない重要な一つの視点となる。さらに、彼女はインド独立運動の中心人物マハトマ・ガンディー（Mahandias Karamchand Gāndhi）の思想と行動を深く敬い、その「非暴力、不服従」の思想と実践を民主化運動の大きな柱としていることにも注意をはらう必要がある。

このように、ミャンマーでは多様な民族、宗教、言語など多くの相違点を抱えていることが、戦後の独立以後も長期にわたる政治的対立や内戦状態が続いている要因となっていることが考えられる。そして、それを一層複雑化させているものは、イギリス、日本などの他国による侵略を受けて植民地・被占領地となったという、近代・現代におけるビルマの歴史の事実の中にも存在する。

（2）ビルマの歴史　―古代国家の成立からビルマ王国の滅亡―

古代においては、どのようにしてビルマに人々が住むようになったのであろうか。『ビルマ史』の著者であるＧ・Ｅ・ハーヴェイは、「最も初期の住民は恐らくインドネシア人であったと思われるが、今は殆どその痕跡を残してをらず（ママ）、如何なる場合にか兎にかく彼等は西方支那を出生地とした所の蒙古族によって取って代られたのである。即ち、この蒙古族はモン族と東部西蔵のティベット・緬甸（びるま）族であった」と記している。ただし、現在に至るまでその古代人の足跡を確実に立証する文献は存在しないと考えられている。

このように、ビルマ史を古代から概説しようと考えているものの、その多くは現実的には不明な部分が多いとされている。また、本書は現代にその内容の視点を置く関係上、ビルマ全史を詳細に記述することはしない。ビルマの歴史学専門家の多くの著作文献を参考とするのであるが、根本敬『物語　ビルマの歴史』（2014年、中央公論社）を基本に、その他の「ビルマ史」等を参考文献にし、ビルマ史を概説していきたい。

ビルマ民族の存在が歴史的に立証されるのは、ピュー族遺跡やモン族遺跡などからの出土品の存在によってであり、少なくとも10世紀以前にはすでに各地に民族文化が栄えていたことが明らかとなっている。そして、ビルマ族の存在が明確に証明されるのは、エーヤワディー河（イラワジ河）沿いに創建されたとされるパガン朝（11世紀から13世紀）の遺跡と遺物などによってである。そこには現在も多数のパゴダ（仏塔）が遺跡として残り、ビルマを代表する観光地の一つとなっている。初代の王アノーヤター（アノーラター）が即位したのは、ビルマ語の『出生票集王統史』によれば、西暦の1044年となっている。

パガン朝は、こうして中部エーヤワディー河付近に、ビルマ民族としての最初の統一国家（王朝）として11世紀に誕生した。そして、国家統一と民衆統治としてのビルマ化を目的として、宗教政策を推進していった。支配層を中心として、上座部仏教の基礎がパガンに置かれて布教活動が開始された。王朝期約250年間に、4000以上のパゴダ（仏塔）が建立される。

また、これまで文字の無かった王朝に、かつてのモン族が使用していたモン文字を改良してビルマ文字を創作している。このことは、ビルマ統一国家の形成にとって大きな前進となったことは間違いない。しかし、13世紀後半には、国内経済の悪化や中国（元）の四度にわたる侵略によって国力は衰弱し、ついに１２９９年に滅亡する。

その後、16世紀にいたるまで、サガイン王朝・インワ王朝そしてハンターワディ王朝などの王朝が形成される。そして１５３１年、現在の中部タウングー付近にビルマ民族のタウングー王朝が成立する。それは、ビルマ南部全体を支配に治める統一王朝であった。ついでその流れをくむニャウンヤウン王朝が１６０４年に成立する。しかし、同王朝も、南部モン族がエヤーワディー河下流域のペグーにハンターワディー王国を復活させて攻撃してきたことにより、１７４０年に滅亡している。

１７５４年、一首長であったアラウンパヤーがモン族を打ち破り、その拠点であるダゴン（現在のヤンゴン、かつてのラングーン）にビルマ族のコンパウン王国を築いた。王国は勢いに乗って対外膨張政策を実施、インドやタイに版図を拡大せんとして侵略を開始している。またビルマ西部のアラカン地方も侵略して、ビルマ史上最大の王国として君臨した。しかしながら、１７６５年以降、北側から清（中国）が進出するなど同王国は連続する対外戦争によって弱体し、他方で民衆の生活も疲弊し不満が高揚していった。

こうした時期、イギリスはアジア諸国に帝国主義の触手を伸ばして勢力を拡大しており、すでにインドを植民地にし、当然のように、隣国ビルマに対して侵略の準備を進めていた。

（3）英緬戦争とイギリスの植民地支配

1824年、一つの島をめぐって第一次英緬戦争が勃発し、ついで1852年の第二次英緬戦争の発生によって、その強大な軍事力の前にビルマ王国は敗北し滅亡していく。この結果、下ビルマ全域がイギリス領となり、下ビルマは「英領ビルマ州」として支配されることになる。しかし、第二次英緬戦争時に和平派であったミンドン王は、1857年に中部マンダレー（上ビルマ）に遷都してビルマ王国を再編した。そして、アジアにおいてイギリスと覇権を争っていたフランスとドイツの科学技術を取り入れて近代化をめざしていく。しかし、その成果は充分に得られなかった。ミンドン王の死後、さらにフランスの援助を得るために緬仏条約を締結して改革を進めたが、1885年にイギリス軍の進撃（第三次英緬戦争）によって王国（コンバウン王朝）は敗北した。ここに、ビルマ王国は完全に滅亡したのである。

1886年、イギリスはビルマ全土を植民地として本国に併合した。そして、「英領インド帝国ビルマ州」という一つの州として、ビルマはイギリス人であるインド総督によって支配されることになった。イギリス政府の支配は、ビルマの都市部を中心とする「管区ビルマ」ならびに山岳などの周辺地域を「辺境地域」として二つに分割統治するという方策を執る。多数派のビルマ族が住む「管区ビルマ」はインド総督の直接統治とした一方で、旧来の豪族が統治してきた「辺境地域」はゆるやかな間接統治とした。この二重支配ともいう分断統治は、その後のビルマ統治を困難な状態にしていく。

イギリス政府は南部のラングーンに支配のための政庁を置き、ビルマを中央集権型の行政組織に編成して統治を強めていく。その中心となった官僚は、インド人の高等文官たちであった。地方の官僚には土地のビルマ人有力者を村長として配置し、中央の意見をその末端行政に命令していった。しかし、そうしたイギリスの植民地支配は、ビルマ土着の歴史的習俗や慣習を破壊するものとなり、かつて王国の将兵であった者を指導者として各地で叛乱が発生していく。イギリス軍（実態は植民地のインド部隊）は、それらを激しい武力によって封じ込めにかかる。その結果、多数の民衆にも被害が出たことによって、ビルマの人々に反イギリス・反インドの感情が生じていくことになる。

一方で、イギリスはビルマの近代化を推進させるために、近代社会における統治の基本である「法の支配」による制度の改革を推進しながらも、経済開発の政策を強く実施していく。しかし、ビルマを帝国主義段階で植民地支配することは、当然、土地・人民の支配によって、その経済的利益を獲得することが最終目的である。当時、ビルマには豊かな資源があった。熱帯モンスーン地域に位置することで米を中心とする農産物、さらには石油や銅などの地下資源、そして周辺山岳地帯の木材などであった。

イギリスはその植民地政策を実現させようとして、産業の進展に伴う労働力不足を補うために、植民地政府は大量のインド人を労働者として移民させていく。彼らの職業は多種にわたり、支配のための植民地軍の兵士、警察官、その他の下級公務員もいたが、多くは重労働に従事する鉱山・農業・工場などの労働者たちであった。その結果、インド人内部に経済的社会的な格差が生じ、さらには現地のビルマ人との間に職業や住民としての民族的な対立も生じてきた。これは現在において、イスラム教徒のロヒンギャ問題が発生しているように、ビルマ社会における民族・宗教上の対立の一つともなっている。ただし、当時におけるイギリスのビルマ支配において、宗教は政教分離を基本として中立政策を実施したために、宗教的な混乱は少なかったようである。

20世紀になり、鎮静化していたイギリスのビルマ統治は、1914年に勃発した第一次世界大戦によって変化を見せてくる。1917年のロシア革命やアメリカ大統領ウイルソンなどが提唱した「民族の自決権」は、植民地であるビルマ民族の中に、ビルマを国家として独立させるための統一を推進しようとする思想や運動を、ナショナリズム（民族主義・国家主義）として成長させていく。それに対してイギリス政府は、英領インド帝国ビルマ州をインド帝国から分離させるという方策で、次のビルマのあり方を視野に入れて対策を検討していた。それが、1935年4月に公布された「ビルマ統治法」である。同法によって、ビルマ州はインド帝国から分離され、イギリス政府直轄の植民地となっていく。それに伴い、本国政府の指名によってビルマ総督が任命され、彼が実質的な三権の統括者となったのである。

１９３９年に第二次世界大戦が勃発すると、イギリス政府はビルマに対してさらに多大な国防費と戦争協力を要求してきた。当然、ビルマ国内ではそれを拒否するナショナリズムが高まり、反英運動がさらに活発化していく。そうした動きを押さえるために、イギリス政府はビルマに対して将来的に「ドミニオン」の地位を付与することを約束したのである。「ドミニオン」とは、イギリス連邦（コモンウェルス）に属し、さらにイギリス国王が国家元首を兼任するものの、ビルマを完全な独立国家として承認し主権を与えるというものである。

イギリスのビルマ統治に際して、現在のビルマ社会の断絶に大きな禍根を残した問題がある。それは、ビルマ支配のために置かれた植民地軍の問題である。イギリス政府は三次にわたる英緬戦争の経験から、独立を求めるビルマ国民の激しい抵抗（武力闘争も含めて）を抑圧するために、防衛と国内治安維持を目的としてビルマに植民地軍を配置していた。その主力となっていたのは、隣国の英領インド帝国から派遣されていたインド軍であった。１９３７年当時、植民地軍としてのビルマ駐留軍は約３万人であった。その内容は、イギリス人を将校として、下士官・兵をインド人で構成していた。したがって、ビルマ国民が入隊することは認められていなかった。

しかし、第一次世界大戦の勃発により、ヨーロッパ戦線に兵を増員しなければならず、イギリスはビルマ防衛と治安維持のために、ビルマ民族を主体とする兵士の増員が不可欠となり、ビルマ工兵隊とビルマ民族を含むカチン・カレンなどの少数民族を主体とするビルマ・ライフル大隊を結成していく。だが戦後の1930年になり、軍事力の削減によってビルマ民族は軍からすべて排除された。結果として、植民地軍はインド人と少数民族などの非ビルマ系民族のみで編成されることとなった。ビルマ民族を軍より排除した理由は、イギリス政府の忠誠心への低さという問題もあるが、何よりも以前より生じていた、反英ナショナリズムの高揚に対する独立闘争へと発展する危険性があったことが考えられる。だがこのことは、その後のビルマ民族を主体とする国軍と、かって植民地軍を形成していた少数民族との武力抗争として現在まで継続する一因となっている。それは、ビルマを統一国家としていくに際して大きな障害となっている。

(4) ビルマ・ナショナリズムの台頭

ビルマでイギリスによる植民地支配が続く中で、彼らの支配を離れて独立しようという運動が展開されていくことは当然であった。そうした動きの中で、ビルマ・ナショナリズムが台頭してくる。根本敬『物語　ビルマの歴史』は、「ビルマ・ナショナリズムとは、管区ビルマに住む多数派のビルマ民族を核にして、『ビルマ国民』なるものを心のなかで想像し、そのことを広く人々に訴え、ビルマを『国民国家』として英国から独立させようとする思想・情念・運動のことである。その際、管区ビルマだけでなく辺境地域も自国の領土として想像された」と記している。

そして、こうした動きとは別に、キリスト教に改宗した少数民族の一つカレン民族のカレン・アイデンティティ（「我らのカレン」意識）についても、イギリス政府はそのアイデンティティを利用し、ビルマ州時代より親カレンの立場で軍事警察にカレン民族を大量に採用しビルマ支配を強化したとしている。こうした歴史の事実も、現在のビルマ問題を複雑にしていることは明らかである。

ビルマ・ナショナリズムは、ビルマ国内において農民運動や学生運動など多方面で展開されていく。稲作を中心とする農業国であるだけに、米の価格の下落が伴う時には、農民たちの大きな反英運動としての叛乱が発生している。こうしたナショナリズムの運動は、20世紀の半ばから始まり、知識階層である僧侶・学生・豪農などの中間層の人々が民衆を牽引していった。後のビルマの独立、さらには独立後のビルマ政治の指導者たちがその中から多く輩出されている。特に仏教国のビルマにおいては、仏教青年会（ＹＭＢＡ）やそこから分離したビルマ人団体総評議会（ＧＣＢＡ）などの各仏教団体が指導力を強めていた。中でもＧＣＢＡは仏教団体でありながらも、政治色を強めてビルマ・ナショナリズムの運動を主導しようとしていた。しかし、強大な武力を有するイギリスからの独立は容易ではなく、彼らはイギリスへの、いわゆる「抵抗と協力のはざま」という立場をとりながら、根気強く運動を進めていった。この中には、ビルマ統治法の施行によって英領ビルマが成立した時、その初代首相となったバモア(バモウ)もいた。

しかし、このGCBAの流れをくむ「抵抗と協力のはざま」に対する政治姿勢は、イギリス側の立場に立つものだとして、中間層の若者たちからナショナリズムの精神に反するとして強く批判されていた。そこで、彼らはビルマ人自らの手によって独立を達成するための「我らのビルマ協会」を設立していく。この協会は通称「タキン党」と呼ばれ、1930年5月に発生したラングーンでの反インド人暴動直後から積極的な活動を開始していく。「タキン」とは、ビルマ人こそビルマの主人であることを意味している。その活動は、あくまでもビルマ第一主義とするビルマ民族とビルマ文化を中心とする超ナショナリズム運動であり、イギリスとの妥協は一切考えていなかった。タキン党は全国にその組織を展開していくが、1936年のラングーン大学の学生ストライキを支援する中でその学生運動家を入党させて組織強化を図っていった。その中に、後の独立運動や独立後のビルマの政治を牽引していくアウンサン将軍、独立後の初代首相ウー・ヌ、そして1962年より26年間にわたって軍事独裁政権を担ったネ・ウインなどがいた。

タキン・ナショナリズムの特徴の一つは、彼らが近代思想としての社会主義思想をも注入する中で、ビルマ伝統の民族・文化・政治などの思想と融合させようとしていたことである。特に1929年の世界恐慌以来、恐慌を発生する資本主義社会への懐疑と警戒心、さらには帝国主義としての植民地政策を経験する中で、彼らがマルクス主義の「革命」思想による国家の変革という社会主義運動に関心を向けていたことが考えられる。この思想は、後の独立後の政治においても大きな影響を与えていくことになる。しかし、基本的にはビルマ・ナショナリズムの運動は、ビルマ民族主義とビルマ文化主義を中心として進展していく。

１９３７年４月、ビルマ統治法が施行されたことによって、ビルマは正式にイギリス領ビルマとして出発していく。そして、その初代首相に指名されたのが、ビルマ人団体総評議会（ＧＣＢＡ）のバモアであった。したがって、その政治姿勢は、イギリスに対する「抵抗と協力のはざま」として行動していくものであった。１９３８年から翌年にかけて、宗教上の対立や労働者のストライキといった国内治安が悪化する。いわゆる「ビルマ暦１３００年の叛乱」と称される運動である。この過程で、そうした政治姿勢のバモウ内閣に対する批判が強まり、彼は内閣不信任によって失脚していった。しかし下野後、彼は逆に反イギリスの姿勢に転じ、１９３９年９月、タキン党と連合して「自由ブロック」という反英組織を結成する。その議長にバモウ、書記長にアウンサンが就任した。だが、第二次世界大戦中の１９４０年、バモウは激しいイギリス政府批判の演説によって「治安法」を適用されて逮捕され、タキン党のアウンサンたちにも逮捕状が出されるという危機を迎え、「自由ブロック」はあらたな運動を模索せざるを得なくなったのである。

第2章
ビルマ独立義勇軍と日本軍のビルマ占領
―ビルマ国軍の源流と旧日本軍との関わり―

(1) 日本軍のビルマ進出と占領

1931(昭和6)年9月18日、日本の関東軍が中国柳条湖の満州鉄道を爆破したことを契機に満州事変が勃発する。それは、日本の大陸進出を意味していた。いわゆる「15年戦争」の開始である。ついで1937(昭和12)年7月7日、蘆溝橋事件を契機とする日中戦争の開始によって、日本は本格的な中国侵略を展開していく。しかしながら、広大な中国での戦いと中国軍の激しい抵抗のために戦況は思うように進展しなかった。12月に入り首都南京を陥落させたものの、蔣介石の国民政府は、首都を武漢、さらに重慶へと移動させて日本軍と徹底した抗戦を続けていた。そして、蔣介石の国民政府は日中戦争勃発から2カ月後、毛沢東らの中国共産党との間に抗日民族統一戦線を結び、共同して日本軍と戦うことを決定している。さらに、1月の和平交渉の打ち切りに際して出されていた近衛文麿首相の「爾後国民政府を相手にせず」声明に対しても、翌年1月に「抗日自衛」を強調して戦う姿勢をくずしていない。さらに、アメリカ・イギリスなど連合国側の中国支援もあり、戦争は日本軍を泥沼の状態におちいらせていった。その中国支援ルートは、蔣介石を支援するという意味で「援蔣ルート」と呼ばれ、ベトナムとビルマから陸上輸送で二つのルートが中国南部雲南地域の昆明に通じていた。さらに、そこから重慶へと最新鋭の武器をはじめとする物資が運搬されていたのである。

日本政府と大本営は、中国戦線での勝利のためには何としてもこの「援蒋ルート」を押さえる必要があった。そこで、ビルマへの「援蒋ルート」遮断の作戦実行が決定される。そして、それは日本軍によるビルマ進攻作戦として実行されていったのである。しかし当初は、日本政府は軍事力ではなく、イギリスとの外交手段を通じて交渉を進める方策をとったのであるが、その交渉は失敗に終わっている。さらに、輸送ルートへの空爆作戦を実施していくものの大きな戦果は得られなかった。そのため政府ならびに大本営は、ビルマへ陸軍を進撃させるという直接的な軍事力によって解決せんとしたのであった。併せて、ビルマにおけるイギリスの支配体制を精神的に揺さぶるために、心理作戦としてのビルマ国民への謀略作戦が構想されていた。その一つが、ビルマ・ナショナリズムを信奉して反英運動を実行していたナショナリストたちへの働きかけであった。そこでタキン党の若き幹部であり指導者であったアウンサンが、後述するように日本軍の謀略機関によって手を差し伸べられることとなるのである。

イギリス側は、すでに日中戦争の開始前後から、日本軍のビルマ進攻の可能性を予測し、日本政府からの対英交渉を受け、ビルマ領内の「援蒋ルート」を遮断する意図は察知していた。したがって、早い段階で日本軍が進撃してくるであろうとの判断の下に、防衛体制を準備している。1939（昭和14）年1月、予測通りタイのバンコクを基地とする日本軍によるラングーン（ヤンゴン）空襲によって、港湾施設や石油施設などが攻撃された。しかし、イギリス側は当初において日本軍の攻撃を過小に見ていたためか、充分な防衛体制を実施していなかった。その理由の一つは、本国ヨーロッパにおけるドイツとイタリア枢軸国の不穏な動静にあった。両国は、同年5月に「独伊軍事同盟」を結び、欧州に対する戦争の動きを見せていた。そして、ついに9月、ドイツ軍のポーランドへの進撃によって、イギリスとフランスは対ドイツへの宣戦布告を発し第二次世界大戦が始まった。そのためにイギリスの戦争は、主戦場であるヨーロッパでの戦いを基本にしており、アジアにおける防衛は手薄にならざるを得なかったのである。

日本は、すでに1936（昭和11）年11月に「日独伊防共協定」を、そして1940（昭和15）年9月には、発展的に「日独伊三国同盟」を締結している。そうした関係もあり、イギリスの植民地であるビルマ、そして仏領インドシナへの進出は当然視されていた。1942（昭和17）年1月下旬、アジア・太平洋戦争の開始半年後、早くも日本軍のビルマ攻略作戦が開始されていく。飯田祥二郎中将司令官の指揮する第十五軍は、タイ国境を越えてまず二個師団をビルマ領内に進撃をさせていく。イギリス側の防禦は弱く、第三十三師団が同年3月に南部のラングーンを、また五十六師団は北部のラシオを占領した。続いて後続の二個師団が派遣され、5月、第十八師団が中部のマンダレーを攻略している。このマンダレー攻略により連合国側の防禦体制は崩壊し始め、日本側の徹底的な掃討作戦によりインドと中国へ敗走する結果となった。中国遠征軍（重慶軍）は北部山岳地域からインドへ退却し、スリム中将指揮のイギリス側の第一ビルマ軍団も、イラワジ河（エヤーワディー河）とチンドウィン河を渡河してインドへと退却して行った。ここに、ビルマの宗主国であるイギリス軍は一掃され、その支配を完全に喪失することとなる。

ビルマ占領後の5月18日、南方軍命令は「概ネ怒江及緬印国境ノ要点ヲ占領シ英支軍ノ『ビルマ』侵入企図ヲ破砕」することであった。それは、英印軍（イギリス・インド軍）ならびに中国軍（重慶軍）の攻撃からビルマ防衛を主任務とするもので、当時において中国・インド方面への進撃は意図されていない。それゆえ、飯田第十五軍司令官は、指揮下の四個師団に対して駐留態勢に移行しつつ、ビルマ国境地域に対する防衛態勢を強化した。しかし、大本営が一個師団を中国戦線に抽出転用する作戦案提議に対し、南方軍はインド進攻案を提議するなど、ビルマ防衛かインド進攻かという重要問題において軍上層部に明解な意志決定がなされないという不徹底があった。他方、英印軍はこの敗戦を分析する緊急対策を講じ、部隊の再編と兵力の増強によって日本軍への反撃態勢を準備していた。

(2)「ビルマ独立義勇軍」と日本軍「南機関」

アウンサンとタキン党の活動

「ビルマ独立の父」「ビルマ建国の父」と呼ばれているアウンサンは、第一次世界大戦中の1915年2月、上ビルマの小さな町ナッマウで誕生した。ビルマ人仏教徒である弁護士の父ウー・パーと母ドー・スーのもとで6人兄弟(男3人・女3人)の末っ子として成長する。父ウー・

パーは、いわゆるビルマ人中間層の農家出身の弁護士であった。しかし、弁護士としては成功しなかったゆえに、母のドー・スーが一家の生活を支えていたのが実態といわれている。彼女の叔父ウー・ミン・ヤウンは、旧支配者層の反英抵抗運動の指導者の一人として、政庁当局に逮捕され死刑に処せられた人物である。そのことは、母からアウンサンにも語られたであろうし、彼の思想と行動に影響を与えたことは想像できる。

ビルマ建国の父・アウンサン

彼の幼少期は内向的な性格であったとされ、学校へ行くことすら拒否したために当初は家庭内で教育を受けている。8歳になった時、ようやく町の寺院学校でビルマ語の読み書きやイギリスの近代教科も修得していく。ただし、同校では英語教育は行われていなかった。当時の植民地下において、ビルマ人中間層は中等教育を受験するためには英語学習が必須であった。そのため、彼はビルマ随一の油田地帯にあったイエーナンジャウンの民族学校に転校する。同校には、のちのタキン党員など多数の民族派の教員が教鞭をとっていた。その関係もあり、生徒たちは自然とビルマ・ナショナリズムの影響を受けていく。

その後、アウンサンは17歳でビルマ初の

4年制総合大学であったラングーン大学ユニヴァーシティ・カレッジに進学する。彼が入学した当時の大学は、かつて教科目の偏りに抗議して全学ストライキ（ラングーン大学第一次学生ストライキ）を実施し、民族運動にも大きな影響を与えたラングーン大学学生同盟（ＲＵＳＵ）が再建されて2年目の時であった。彼は、苦手であった英語力を伸ばす努力を続けながら英文学や政治学・近現代史などにも関心をもって学んでいった。入学後3年目には、学生運動にも深く関わる中でタキン党（我らのビルマ協会）の同志との結びつきを強めていく。その中には、先輩であり独立後の初代首相となるウー・ヌもいた。彼らは、学生同盟の執行委員となり、ウー・ヌが議長、アウンサンは同盟の雑誌編集担当となる。

その後まもなくの1936年2月、大学当局は学生同盟議長であったウー・ヌを退学処分にする。それに対して同盟側は、学費・寮費の値下げや学習環境の改革などの要求も含めてストライキ（ラングーン大学第二次ストライキ）による抗議活動を開始した。しかし大学側は、さらにアウンサンにも雑誌内容の責任を負わす形で停学処分を宣告した。この大学改革運動は、学生運動のみならずタキン党という政治団体との連携が強まり、その後の民族運動やひいては独立運動に大きな影響を与えるものとなった。アウンサンは、停学処分の後の1937年に大学を卒業し、そのまま大学に残って法学を学んでいる。そして、翌年には23歳で学生同盟の議長となり、同時に全ビルマ学生同盟の議長に就任した。また、タキン党の正規党員として入党したのもこの年であった。

1937年当時、タキン党は「コウミーン・コウチーン」思想を党是としていた。それは、社会主義思想を取り入れビルマの伝統的な民族的思想と融合させようとする思想であった。1938年1月から始まった上ビルマの油田地帯で働く労働者の待遇改善を要求するストライキは、タキン党の支援のもとに反英運動として進展していく。同年のタキン党大会では、党旗である黄・緑・赤の三色旗の中心に、社会主義のシンボルであったハンマーと鎌が描かれることが決定していた。アウンサンは、入党後の1938年11月に書記長というナンバー2の要職に選出されている。大学を退学処分となっていたウー・ヌも情報宣伝の責任者となった。この年の半ばには、インド系ビルマ人のイスラム教徒の著書がビルマ人仏教徒の反感をかい、それが大規模な暴動となって全国に広まっていった。それは、宗教上の争いではなくビルマ人とインド人との間の経済的・政治的あるいは民族的ともいえる対立であった。結果的に多くの死傷者を出すに至っている。

タキン党は、このビルマ人とインド人との対立に注目して、その後の反英運動を推進していく。そして、アウンサンたちタキン党は、依然として続いていた油田地帯の労働者ストライキと学生運動とを連携させて、ビルマ政庁に対する大規模な反英闘争を開始する。あわせて、バモウ(バ・モア)内閣打倒を決議し農民運動も展開していった。これに対してビルマ政庁側は、タキン党幹部を一斉に逮捕するという行動に出たことで、書記長であったアウンサンも逮捕される事態となる。タキン党は、これら一連の闘いを「ビルマ暦1300年の叛乱」と名づけて、イギリスのビルマ支配体制の弱体化をめざして行動していく。

1939年、タキン党幹部はようやく釈放されてその活動を再開する。ただし、この時期、党内は社会主義運動をめぐって二つの党派に分かれていく。一つは人民革命党（戦後は社会党に発展）と呼ばれるグループ、他は共産党のグループである。アウンサンは、この当時共産党グループに属しその書記長に就任している。彼は、共産主義者ではなかったが民族独立の運動を強めていくためには、コミュニズム（共産主義）の活動には評価すべきものがあると判断していたためである。そして共産党グループから離れてからも、戦後に至るまで、常に両者の和解と再結集を考慮しながら行動している。

同年9月の第二次世界大戦の勃発を機に、タキン党はバモウの率いる政党、さらには全ビルマ学生連盟と結集して「自由ブロック」を結成する。そして、いよいよ反英闘争の最終段階として武力による独立運動を開始していく。そうした武力闘争を実行していくためには、外国からの武器や物資の支援を受ける必要があった。そのために党は、中国の国民党と共産党、そしてインドで独立運動を展開する国民会議派へ代表団を送って支援を得ようとした。しかし、各国ともにイギリスとの協力関係もあり、支援の答えは得られなかった。

「南機関（みなみ）」と「ビルマ独立義勇軍」

日本軍が中国戦線で苦戦を強いられている中、1939年、中国への米英連合国側の「援蒋ルート」の一つビルマ・ルートが完全に開通していた。ラングーン港に陸揚げされた物資は、中部マンダレーからさらに北部のラシオ（ラーショウ）を経由して中国の雲南地域昆明から重慶へと延びていた。その貨物量は月間1万トン（1940年6月）に達するほどであった。すでに1940年の日本軍の仏領インドシナ半島への進出によって、ベトナム・ルートは遮断されていた。そのため、早期のビルマ・ルートの遮断が求められていた。日本側は、ビルマに置かれていたラングーン領事館や日緬協会を通じて工作を開始していくが、日本側の動向がビルマ政庁の厳しい管理と監視のもとにあったこともあり、思うように成果をあげられなかった。

こうした状況下に登場してきたのが、鈴木敬司陸軍大佐である。彼は日中戦争において、上海の杭州上陸作戦を参謀として企画指導した人物であった。人事異動で大本営参謀本部の第二部八課（諜報担当）付けとなった際、参謀本部直属の参謀として台湾に置かれていた南方軍司令部に配属されていく。ついで、1940年5月にラングーンに潜入し、諜報活動としてのビルマ工作を目的として活動を開始した。ビルマ国内で彼は日緬協会の書記、また「讀賣新聞」の記者とし

南機関の鈴木敬司

て南益世（ビルマ名はボ・モウジョウ）と名乗っている。

そして「ビルマ・フリーダム・ブロック」なる団体を結成して、自由ブロックの反英運動の活動家たちとの接触を試みる。その中でも第一に注目したのは、その中心的な組織体であったタキン党の存在であった。鈴木は日緬協会を通じて反英活動家たちと接触し、タキン党（本部派）に対して日本がビルマの独立を支援することを約束する。しかし、彼はその事実を参謀本部（大本営）の許可を得ずに、自らの独断で決定していた。それが後日、日本側の承認するビルマ「独立」の決定を曖昧なものにして、日本軍とビルマ独立運動の活動家との間に不信感が生じる原因となる。

この時、タキン党（本部派）の実質的最高指導者であったアウンサンは、ビルマ領内にいなかった。彼は、再度の中国共産党との支援を要請すること、そしてビルマ政庁当局による逮捕から逃れるという二つの理由で、他の同志一人と共に中国アモイへ密出国していた。その情報を得た鈴木は、すぐに台湾憲兵隊に連絡し、アモイに潜伏するアウンサンを逮捕するよう指示した。その連絡でアウンサンは逮捕され、１９４０年11月12日に東京へと連行されていき、待ち受けていた鈴木から、日本軍のビルマ独立支援構想の説明を受けたのである。しかし、アウンサンは鈴木の申し入れに対して即答していない。その理由は、すでに過去において、あるイタリア人諜報員の著作（『日本のスパイ』）を読む中で、日本軍の大陸での様々な侵略行為や朝鮮・中国における蛮行を理解していたからである。アウンサンがそのような日本軍の行動を知ったことで、その日本軍を「ビルマの友人」として信頼することはできなかったのは当然である。しかし他方で、何らかの軍事的支援を獲得する以外に、英印軍ならびに植民地ビルマ軍に勝利することは不可能であることも充分に承知していた。

イギリス政府は、当時、ビルマ植民地軍の兵士約6200名（1939年当時）のほとんどをカチン、カレン、シャン、チンなどの少数民族から優先的に採用しており、ビルマ民族はわずかとしていた。したがって、アウンサンは、ビルマ人によるビルマ独立の実現を達成するためには、日本軍の協力を得て強いビルマ人によるビルマ軍を養成しない限り極めて困難であることも充分に理解していた。この二つの相反する考え方を冷静に判断したとき、現実的な問題として今は日本軍の支援を受けることが、ビルマを武力闘争によってイギリスの植民地支配から開放する唯一の方策であると決断せざるを得なかった。そのため彼は、ビルマの置かれている現状に鑑みて、鈴木の提案を受入れ同意することこそがビルマ独立の一つの手段にほかならないと捉え、苦渋の決断をもって同意する。そこには、日本軍という力ある存在を前にして、いわゆる「抵抗と協力のはざま」を選択せざるを得なかったアウンサンの苦渋の決断があったことは確かである。

「ビルマ独立義勇軍」の誕生

アウンサンが、鈴木敬司大佐の申し出に同意したことでその説得工作は成功した。鈴木はそれを受けて、陸軍参謀本部と海軍軍令部に対して、対ビルマ工作を実行する謀略機関の設置を申請して承認される。機関名は「南機関」と呼称され、鈴木自身がその機関長に就任した。

鈴木大佐（最前列の右から3人目）とアウンサンら「30人の同志」

そして、「南機関」は陸海軍協力のもとに大本営直属の謀略機関として活動を開始していく。機関を構成するのは、陸海軍から派遣された軍人のもとに少数ながらも民間人が参加し、表向き「南方企業調査会」として行動することになった。当然ながらその主たる目的は、一つは日本軍によるビルマ・ナショナリストの反英闘争を支援することで独立を実現し、ビルマに親日政権を樹立させることにあった。そして、二つは中国での戦いを有利に展開させていくためのビルマ援蒋ルートを遮断することにあった。

「南機関」はその具体的実現に向けて、アウンサンを長としてビルマ人青年に軍事訓練を施し、彼らを主体とするビルマ軍設立を実行していった。そして、そのビルマ軍を日本軍のビルマ進攻に帯同させて英印軍と戦わせていくことを想定した。すなわち、彼らを日本軍に協力する代償として、ビルマをイギリスから独立させ、その後に親日政権を樹立していく構想である。

アウンサンは、「南機関」の協力を得て秘密裏にビルマに帰国し、将来の指揮官となる人材を選出することになった。しかし、ウー・ソウ政権の下でタキン党など自由ブロックの活動が押さえられていたこともあり、余裕を持って選出することはできなかった。集まったメンバーは、アウンサンを含めて10代後半から30代前半の30人であり、タキン党員はその内15名、残りの多数は親タキン党の学生連盟の者たちであった。彼らは独立後「30人の志士」と呼ばれていく。

アウンサンたち30人は、1941年4月から、すでに日本海軍が占領していた中国の海南島の三亜で軍事訓練を受けていくことになった。その訓練内容は、通常2年間で実施する訓練を数カ月で実施するという非常に厳しいものであった。日本人教官の多くは、諜報・謀略そしてゲリラ戦の専門教育を受けていた陸軍中野学校の出身者たちである。幹部教育としてのその訓練は、三つの班に分けて実施された。第一班は中隊規模の指揮官養成。第二班はゲリラ戦の指揮官養成と国内騒乱のための情報活動。第三班は師団規模の指揮官養成を目的に軍内部の統制指揮および地方行政などを訓練内容とした。訓練は、短期間で優秀な幹部として養成しなければならないこともあり厳しかった。そして言葉の問題もあった。しかし30人は、必ずビルマ軍の指揮官として反英独立闘争に立ち上がるのだという強い意志をもって訓練に耐えた。

その中の一人であったボ・ミンガウン（後にアウンサン将軍の副官、独立後の政権では内務大臣や運輸大臣を務めた）は、戦後の著書『アウンサン将軍と三十人の志士』（１９９０年、中公新書）の中で、アウンサンが訓練の厳しさに打ち勝つために同志を励ました言葉を記している。それは、「われわれの支配者イギリス人たちは、自分たちの帝国は日が沈むことはないと豪語しているんだ。その大帝国を倒すのがわれわれの仕事だ。根性・勇気それになによりも忍耐心がなければできないことじゃないか」と同志たちを励ますものであった。そのあと全員で、「タウンダーの王・ダビンシュエティー」（16世紀ビルマ第二王朝を創建した王で、タイ国に進攻してアユタヤを滅亡させている）の歌を大合唱し、自らを鼓舞して全員が立ち上がり気勢をあげたとも記している。

１９４１年12月8日、日本の英米基地に対する攻撃によってアジア・太平洋戦争が開始された。その時点で、「南機関」はサイゴンに置かれていた南方軍総司令部の傘下に組み入れられ、当初の計画を変更せざるを得なくなる。それは、日本軍のイギリスへの直接の武力攻撃によって、援蒋ルートであるビルマ・ルート遮断の必要性がなくなったことである。すなわち、アウンサンたちを訓練して、ビルマ内の諜報活動によって遮断させるという工作活動は不必要となったのである。そこで鈴木は、アウンサンに独立支援を約束していた関係もあり、急遽南方軍総司令部と傘下の第十五軍の承認を得て、アウンサンたち30人を中心にしてタイ国内において「義勇軍」を結成することにした。そして、日本軍と共にビルマ国内へ進撃させようとしたのである。しかし、その実体は、単に日本軍を側面から支援するという補助的な現地軍の位置付けにすぎなかった。それでも「南機関」は、アウンサンたちに対して、ビルマ独立のためのビルマ人の軍（義勇軍）であると説明したのである。そのことは、後に、アウンサンたちと日本軍との間に、「独立」の定義をめぐって深刻な問題を生じることとなる。

12月28日、タイ国のバンコクにて、義勇軍は「ビルマ独立義勇軍」（Burma Independence Army、ＢＩＡ）として正式に発足した。しかし、その命名とは異なり、アウンサンたちが希望した「義勇」（Volunteer）の文字はなく、単に正式名称は「ビルマ独立軍」とされていた。ただし、文語体の「ミャンマー」読みではなく、口語体の「バマー、バーマ、ビルマ」という読みが使用されていることは、アウンサンたちタキン党の「我らのビルマ協会」の意図が含まれていたのではないかと考えられる。義勇軍の指揮は、「南機関」の日本軍人が保持しており、アウンサンたちが目指していた自由な行動はとれなかった。

１９４２年1月、義勇軍はタイ国境を越えて祖国ビルマへと進軍していった。日本側第十五軍の第三十三師団と五十六師団も1月下旬にビルマに進撃し、ラングーンなどの主要都市を占領していった。鈴木の計画した義勇軍の目的は、一つが日本軍の支援を得てビルマをイギリスから独立させること、二つは諜報とゲリラ戦によって日本軍のビルマ進撃を補佐するという任務であった。だが、南方軍と第十五軍の日本軍側は、義勇軍の目的と役割を後者に限定するものであった。そのことが、日本軍と義勇軍との軍事的連携に対立が生じ、相互に不信感が出てくる。それは、アウンサンをも苦しい立場に置くことになる。

（３）日本軍のビルマ占領と「ビルマ独立義勇軍」

「ビルマ独立義勇軍」と日本軍との対立は、南部モールメイン（モーラミャイン）、続いて中心都市ラングーンを占領した時点において明確なものとなる。義勇軍は、その地においてビルマの独立宣言や軍への募集などに対して多くの政治的活動を制限されたからである。すでに日本軍（大本営）は、イギリス勢力を短期間に駆逐したことによって、イギリスに代わってビルマ全土の占領と支配を構想していた。ねらいは、援蒋ルートの遮断のみならず、石油・鉛・タングステンなどビルマの豊富な地下資源ならびに米など農産物の経済的な利益を獲得することにあった。それは、ビルマに対して見せかけの「独立」という形をとりながら、親日の傀儡(かいらい)政府を樹立することによって実効支配するという帝国主義的な構想であった。したがって、ビルマ人による真の独立などは顧慮されていなかった。

しかし一方では、同年１月21日の帝国議会にて、東条英機首相は施政方針の中で「ビルマ全民衆を解放して、その宿望たる独立を支持」すると演説している。また翌日には、その演説を受ける形で、現地の飯田祥二郎第十五軍司令官がビルマ国民に対して次のような布告を発して、義勇軍を鼓舞した。

「日本軍のビルマ進撃の目的は、最近百年間の搾取と圧政を事とせる英国勢力を一掃し、ビルマ民衆を解放して、その宿望たる独立を支援し、もって東亜永遠の安定確保と世界平和に寄与せんとするに外ならぬ…（中略）…東亜民族たる自覚の下に一斉に起こってわが軍の作戦に協力せよ。しかして勇敢なるビルマ独立義勇軍兵士よ、今こそ祖国の独立と栄光のために決起すべき秋なるぞ。必勝不敗の大日本帝國軍は諸士とともに進軍す。進め必勝の信念の下に」（「東京朝日新聞」1月23日）

さらに東条英機首相は、日本軍がシンガポールを陥落させた翌日の2月16日の衆参両院本会議にて、ビルマの独立に関する表明をしている。

「帝国の『ビルマ』進攻の真意は、英国の軍事拠点を覆滅すると共に、米英の援蔣の通路を遮断せんとするのにあるのでありまして固（もと）より『ビルマ』民衆を敵とするものではありませぬ。従って『ビルマ』民衆にして、すでに其無力を暴露せる英国の現状を正視し、その多年の桎梏（しっこく）より離脱して我に協力し来るにおいては、帝国は依然として、『ビルマ』民衆の多年にわたる宿望すなわち『ビルマ』人の『ビルマ』建設に対し積極的協力を与えんとするものであります」

（「東京朝日新聞」　2月17日夕刊）

この二つの布告と演説表明からは、日本がビルマの独立のためにイギリスと戦い、その後にビルマの独立を保障することを実証していることは明らかである。ところが、1月に開始された日本軍のビルマ進攻後、現地第十五軍を管轄下に置く南方軍はこのビルマ独立に対して反対し、時期尚早であることを主張している。そこで南方軍は、2月25日、「ビルマ作戦一般兵站計画」の中で、占領地（ビルマ）における現地資源の獲得とその利用の徹底を強調して、ビルマに軍政を布く（し）ことを明記した。

それは、日本軍のビルマの豊かな鉱産物と農産物の獲得と利用という、帝国主義的発想としての経済的利益の確保にあった。この構想については、大本営がすでに1941（昭和16年）年11月20日に決議した「南方占領地行政実施要領」において宣言していた。その第一（方針）では、「占領地ニ対シテハ差シ当リ軍政ヲ実施シ治安ノ恢復、重要国防資源ノ急速獲得及作戦軍ノ自活確保ニ資ス」とされている。さらに大本営は、12月12日には「南方経済対策要綱」を決定し、第一次対策の項にて「(イ）資源獲得ニ重点ヲ置キ之ガ実施ニ方（あた）リテハ戦争遂行上緊要ナル資源ノ確保ヲ主眼トス」と決定していた。これらの「要領」「要綱」にみられるように、日本軍の進撃作戦がビルマの「資源獲得」にあることは明らかである。

このような大本営ならびに現地の第十五軍を統括する南方軍は、ビルマ進攻をその資源獲得を目的とし、独立に対しては懐疑的な姿勢を打ち出していた。そうした日本軍の各地における義勇軍への一連の対応策の中に、アウンサンたちは日本軍の真の意図をしだいに察知していくこととなる。しかしながら、アウンサンは現在の弱小な義勇軍（3月段階で約3万人規模）の力を考慮した時、ビルマ人のみによる独立実現がいかに困難なことであるかを理解していた。それゆえに、現在は日本軍と共に戦う中で実戦経験を積み、将来的に義勇軍の力を抗日戦に備えて強化していくことが肝要であると判断した。

1942（昭和17）年6月上旬、日本軍はほぼビルマ全土を制圧した後、6月4日には全土に軍政を布告した。布告後、ビルマ中央行政府が設立される。そのビルマ側の行政府長官には、かつてアウンサンたちのタキン党と組んで設立した「自由ブロック」の同志であったバモウ（バ・モー）が指名された。その政府は、もちろん日本軍の傀儡政府であった。そして、諜報機関としての「南機関」は、鈴木機関長が近衛師団司令部付き（その後第七師団の参謀長となり、最終的に少将に昇進している）となりビルマを離れたことで解散となった。それにより、7月8日、「ビルマ独立義勇軍」も解散させられ、あらたにビルマ防衛軍（BDA）として編成されていく。司令官にはアウンサンが就任し、30人の志士たちが幹部としてその指揮に入った。その内の一人であったネ・ウィンは、戦後の1962年のクーデターによって実権を掌握し長期の独裁的政治を実施した人物である。その当時、彼はBDAの第一大隊長として指揮をとっていた。防衛軍は、第十五軍司令部（その後はビルマ方面軍）の監督の下に組み入れられていく。

(4) ビルマの「独立」と日本軍の占領

アジア・太平洋戦争の各戦線において、日本軍はしだいに劣勢に追い込まれていく。開戦半年後のミッドウェー海戦での敗北以来、太平洋戦線のみならず大陸の中国戦線においても苦戦を強いられていた。そうした戦況の中、1943（昭和18）年1月の大本営政府連絡会議において、日本政府は「大東亜戦争完遂ノ為ノ緬甸（びるま）独立施策ニ関スル件」を決定した。そこにおいて、ようやくビルマの「独立」を承認することとなったのである。そして、同年8月1日、正式に念願であった「独立」宣言が発せられ、主権国家としての道を歩むことになった。連絡会議は「緬甸（びるま）独立指導要綱」を作成して準備をすすめ、行政長官であったバモウを首相に任命した。そして、タキン党員からもアウンサンが国防大臣に、そしてウー・ヌが外務大臣として就任している。アウンサンが率いるビルマ防衛軍（ＢＤＡ）はビルマ国民軍（ＢＮＡ）と改名し、彼が指揮することになる。この「独立」は、「ビルマ国家基本法」（憲法）第1条にてビルマ国は「主権ヲ有スル完全ナル独立国家」として、「完全ナル主権者タルノ地位ト権能ヲ有スル国家代表ニ依リ統治セラルベキモノ」だと規定された。そして、バモウ首相に三権の大きな権限を付与した。

しかし、現地ビルマにおける最高権力保持者は実質的に日本軍司令官であり、また軍司令官は上級の南方軍司令官さらには大本営の直接的な軍の統治大系の中に組み込まれていた。そして、バモウ内閣はその他の秘密協定などによっても国家としての政治的行使にさまざまな制限を加えられていた。

その一つは、「日本国緬甸国（ビルマこく）軍事秘密協定」である。その条項には著しいビルマの主権の制限が規定されていた。戦争が継続している期間中は、日本軍のビルマ国内における行動の自由が保障され、かつビルマ国軍と警察に対する指揮権をも有すると規定されていたのである。さらに、大本営軍令（軍令第二〇号、8月1日）の「集団命令」条項は、ビルマ行政府の施行に関して「1、凡（あら）ユル施政ノ目標ヲ大東亜戦争ノ完勝ニ置クベシ。戦争ノ勝利ノ為メ日本軍ノ要求ハ絶対優先ニ扱フベシ」と規定していた。このように、ビルマ政府は、日本軍の強い圧力の下で政治・経済・社会のあらゆる事項に依然として支配される事態となっていた。それは、とても真のビルマ独立国家といえるものではなかった。

こうした日本軍のビルマ占領は、ビルマ国民にも多くの苦しみをもたらしていく。何よりも、ビルマの貿易が日本軍の進撃と占領によってほとんど停止状態となっていたことから、物資の不足と物価の高騰が民衆生活を困窮・疲弊させていた。さらに、日本人の商社や小企業者が軍の権限を利用して物資の収集に従事し、ビルマ人の職域の農産物や日用品の販売等にも事業を拡大していった。そうしたビルマの人々の日常生活の苦しみに加えて、軍事方面における被害も拡大していった。

1942（昭和17）年10月以降のイギリス軍の反撃によるビルマ全土に対する無差別の空爆と銃撃は激しく、国民に恐怖と大きな被害を与えていく。一方、日本軍の要請による労務者として泰緬鉄道（たいめんてつどう）建設の徴用が他の東南アジア諸国と同じように開始された。その結果、アウンサンが戦後に「枕木一本につき一人が死んだ」と述べているように、炎熱の下での重労働と劣悪な環境は、最大でおよそ14万人ともいわれる多数の犠牲者を出すにいたっている。ビルマ人も10万6千人が動員され、その内数万人単位という大きな犠牲を出している。また、日本軍人に対する憎しみはそれら意外にも多くあり、女性への暴行事件をはじめとする犯罪やビンタなどの横暴な態度はビルマ国民に恐怖、そして嫌悪感を与えていった。中でも、憲兵隊による暴力と拷問は恐怖の的であったといわれている。さらに、生活習慣や習俗の違い、特に仏教の教えにおけるビルマの上座部仏教と日本の「大乗仏教」の宗教的な違いからくる文化的価値観の相違は、両者の間に様々な争いを生じさせていた。

こうしたビルマ国民の苦しみの事実を前にして、アウンサンたちは日本軍による「独立」そのものが虚構であったことを確信し、以前より構想していた真の独立を求めて立ち上がることを決意していく。「抵抗と協力のはざま」からの決別である。しかしながら、現実を問題としてビルマ全土に展開する約20万の日本軍に正面から戦いを挑むことは不可能といえた。それゆえに、その蜂起の時期を待つしかなかった。一方では、すでに1943年後半から、山岳地帯のカチンやカレンなどの少数民族が連合国からの武器援助によって抗日のゲリラ闘争を展開していた。彼らは同時に、アウンサンたちのビルマ・ナショナリストたちに対しても「ファシスト日本をビルマに引き入れ、我々を苦しませた連中」であるとして憎しみを抱いていたことも事実である。この問題も、現代のビルマ社会に残る、ビルマ民族と少数民族との対立につながり、内乱の一つの要因ともなっている。

第3章
ビルマ独立への歩み

(1) 日本軍への連合国の反撃と義勇軍の反旗

連合国軍は、1943年1月からモロッコのカサブランカ会談において、日本軍による中国封鎖の現状とドイツ攻略に関する検討課題を話し合った。会談には、ルーズベルト米国大統領、チャーチル英国首相ならびに両国の軍幕僚長が出席していた。討議の中心はドイツを撃破した後、本格的な対日攻勢をいかに進めていくかであった。その中で、ビルマ奪回作戦が重要課題として真剣に討議されていたのは当然であった。その結果、ビルマ奪回作戦の開始日を1943年11月15日にするとの目標決定のもとに攻撃準備が開始されていく。連合国参謀本部では、1943年7月以前に実施することが決定された。そのために、強力な反撃体制が着々と準備されていく。その内容は、米軍の支援のもとに中国軍十一個師団を北部雲南(うんなん)方面から、並びに二個師団をレド方面から進撃させるというものであった。また、イギリスはインド兵を主体とした英印軍の四個師団を西部からマンダレーへの進撃を計画していた。後に一個師団と一戦車旅団の参戦を計画。さらに、南西部沿岸から最終作戦としてラングーンへの上陸が計画されている。

一方、日本はといえば、太平洋戦線におけるアメリカ側の優勢な攻撃と中国戦線における膠着状態の前にして、戦況は極めて不利な状態におかれていた。そこで、この局面を打開するための一つの方策として、優勢であったビルマ戦線からインドの要衝地であるイギリス軍基地を攻略することで、終戦工作を有利に展開しようとの構想が打ち出された。その構想こそが、戦後において無謀な作戦の代表といわれたインパール作戦であった。この作戦に関しては、大本営の中にも地形や兵站などを無視した無計画・無謀な作戦に対して、「実行すべきではない」との意見も多かった。しかし、作戦は、現地の第十五軍司令官牟田口廉也中将らによる積極的な進撃の上申を受けて大本営が認可するに至った。そして、最終的に天皇の裁可を経て実行されることとなったのである。その結果は、日本軍の大敗で多くの将兵を犠牲にするという無謀な戦いとなった。各戦場からの敗走路となった山野には、食料不足からの飢えとマラリアなどの熱帯病によって斃(たお)れた兵士の屍(しかばね)が、累々と横たわるという悲惨な状況であった。これらの事実は、戦後「白骨街道」と称されて国民に知られることとなる。

1944(昭和19)年3月に日本軍のチンドウィン河の渡河によって開始されたこのインパール戦は、圧倒的な英印軍の重装備の戦車や重砲を備えた機甲部隊によって大敗したのである。英印軍は、その勢いのままに中部の都市マンダレーへと攻勢を強めていく。また北部方面からは、連合国軍としての中国・国民政府軍の進撃もあり、日本軍の劣勢は明らかとなっていた。

この時期、ビルマ国内において秘かに抗日準備を進めていたアウンサンたちのビルマ国民軍(ビルマ独立義勇軍)は、タキン党の中ですでに結成されていた人民革命党とビルマ共産党と協議して、一致団結して日本軍と戦うことを確認していく。さらに、タキン党員が組織する民間団体にも接近して、彼らの協力をも得ようと工作していった。すでに同じようにイギリスの植民地であった隣国インドにおいて、1942年8月には、ガンディーの指導の下で「(イギリスは)インドを去れ」という独立運動が始まっていた。そうした運動に呼応する形で、共産党員のタキン・ソウたちは1943年12月にインドを訪問し、各地で学生・農民に抗日の思想教育や宣伝活動を展開し連携を深めていた。さらにインドの連合軍とも接触して軍事訓練も受けていた。

当初、アウンサンは蜂起に慎重な姿勢をとっていた。その理由は、バモウ内閣の国防大臣としての立場と、さらには以前より指揮監督していたビルマ国民軍(ビルマ独立義勇軍)を、日本軍に対抗できるだけの兵力と武器を保有することの必要性を重視していたからである。しかし、現在、戦局において連合国側が有利に展開していたこと、特に日本軍がインパール作戦を1944年の7月に中止して大敗したことから、即時、抗日戦への参戦を決意する。これ以上の遅れは、戦後の独立に対するビルマ側の正当な要求を、イギリスに対しても示すことが不可能となることを危惧したからである。そして1944年8月、ペグーに置いていたビルマ国民軍の基地内において、ビルマ国民軍、ビルマ共産党そして人民革命党の三者代表が秘密裏に会合を開いて抗日戦線の発足を決定した。この統一体としての戦線は、当初「ファシスト撲滅人民連盟」と名称されたが、のちに「反ファシスト人民自由連盟」(ビルマ語の略称で「パサパラ」、英語略称をAFPFL)に変更される。

パサパラの指導部はアウンサンが議長に就任するが、それは約1万人の「ビルマ独立義勇軍」

として今後に中心的な働きを開始するビルマ国民軍の司令官であったことが理由でもあった。当然、彼は議長としてのリーダーシップを持ってパサパラを指導していくことになる。さらに、共産党のタキン・ソウが政治担当委員、そして共産党・タキン党員であるバモウ内閣の農林大臣タン・トゥンが書記長に就任して彼を支えた。

アウンサンは、叛乱地域を10の管区に分けて国軍部隊を配置し、来るべき蜂起に備えた。その時期は、日本軍が下ビルマ地域まで退却して劣勢になる頃だと判断していた。当然、彼の脳裏には、いかにして独立を実現するかということが常にあった。かつて日本軍の占領期において、義勇軍がいつも不利な立場に置かれていたという苦難の経験から、イギリスに対しては独立への主導権を有利に展開させねばならないという思いが強く存在していたからである。

そのためにも、彼は国内でのファシスト日本軍を敗北させる意図をもって、反日・反ファシスト勢力の組織を広めるとともに、対外的にはイギリスとの交渉を前提に連合国との接触をも図っていく。これは、この戦いの後、再度イギリスがビルマを植民地とするための画策をもって挑んでくることが明らかであると判断していたことによる。したがって、かつての宗主国イギリスが再度ビルマに復帰する前に、ビルマ人自らの反日闘争の実績を構築して、戦後の独立交渉において出来うる限りの有利な条件を作っておく必要があった。実際に、イギリス側はアウンサンたち「ビルマ独立義勇軍」の活動に対して、冷淡にもその抗日蜂起に関して公的には承認せず当然武器の供与も拒否していた。それゆえに、アウンサンはビルマ人自らの力を結集して、反日武装闘争を成功させねばならないと強く決断していた。

アウンサンたちパサパラに結集した反日闘争は、1945年3月27日、ビルマ国民軍（ビルマ独立義勇軍）を基幹部隊として、ビルマ人自らの決断した一斉蜂起によって開始していった。それは、主としてゲリラ攻撃によって日本軍と戦うという手段がとられた。5月にはパサパラ議長のアウンサンとイギリス側第十四軍団総司令官M・Vスリム中将との会談が行われ、アウンサンは、その会談でパサパラがビルマ・ナショナリズムの正統な組織であることを伝え、共に協力して日本軍と戦うことを主張した。会談の翌日、本国のイギリス政府は戦後のビルマ処理を定めた『ビルマ白書』の中でパサパラをビルマにおける「暫定政府」であるとは認めなかった。しかし、アウンサンは日本軍の掃討作戦を戦略の優先事項として、6月に正式に英印軍との共闘を成立させることに成功する。その後、義勇軍の名称を「愛国ビルマ軍」（PBF）に変更して、いよいよ日本軍と正面から戦っていくことになる。

こうした中の4月下旬、日本軍のビルマ方面軍司令官・木村兵太郎はラングーン（ヤンゴン）から飛行機で早くも脱出していた。続いてバモウ内閣の閣僚やビルマ政府の要人たちも脱出し（バモウは日本へ亡命）、日本軍の各部隊も次々と撤退を開始していった。5月、ついに「愛国ビルマ軍」と英印軍はラングーンへと突入し、首都の奪還に成功したのである。

1945年8月15日、日本がポツダム宣言を受諾したことで第二次世界大戦は終了する。日本の敗戦である。この戦いで、日本は軍人、軍属そして民間人を含むおよそ310万人の人々がその尊い生命をなくす結果となった。ビルマ戦線では、約3年半の間に延べ32万人の日本軍将兵が動員され、その内の約20万人の将兵が戦死、餓死、病死さらには行方不明となっている。その被害はあまりにも大きかった。しかしその一方で、敵となって戦ったイギリス人、インド人、ネパール人、中国人、アメリカ人などの犠牲も多数にのぼっていた。

そして何よりも、ビルマ国内が戦場となったゆえに、何の罪もないビルマの人々が死亡を含む多大な戦争被害を受けたという事実である。それは、空襲や砲撃の巻きぞえを受けたことでの犠牲、日本軍の命令による家畜や米など農産物の供出・調達、それにともなう食料（米）不足からの飢餓、そして労務の提供など多種多様な数にのぼる。そうしたことから、ビルマ国民が戦前とは大きく変化した日常生活の中で、様々な苦労を強いられたことはまちがいない。また、すべての日本軍人ではないけれども、現地住民にとって、彼らの威圧的な態度と暴力は恐怖であったともいわれている。

その中でも、「カラゴン事件」は民間人に対する日本軍による虐殺行為として、罪のない多数の住民を犠牲にした事件の一つである。この「事件」は、日本軍の加害行為として戦後明らかにされたものである。

＊「カラゴン（カラゴウン）事件」
「事件」は、終戦が近い1945年7月に発生した日本軍による住民虐殺事件である。インパール戦にも参戦していた第三十三師団歩兵

第二百十五聯隊（歩兵高崎聯隊）の第一大隊は、英印軍とビルマ国軍に追撃される途中、ラングーンの南東部にある海岸都市モールメイン（モーリャミャイン）の東に位置したインド系の人々が多く住むカラゴン（カラゴウン）の村に入った。そこで第一大隊は、村人がイギリス側諜報部隊、あるいは空挺部隊に日本軍の情報を提供したとのスパイ行為を理由として、村を焼き払い、村人たち637名にのぼる多数を殺害したのである。その内訳は、男性174名、女性196名、そして子ども267名が犠牲となった事件である。その後カラゴン事件は、1946年3月から開始されたラングーンでのBC級裁判において、BC級戦争犯罪の「通常の戦争犯罪」と「人道に対する罪」によって裁かれ、4名が死刑、6名が有期刑に処せられている（根本敬・2014年、武島良成・2020年）。

この事実は、ビルマにおける日本軍研究の代表的な著作とされている太田常蔵『ビルマにおける日本軍政史』（1967年）には記載されておらず、1970年代以降の元兵士や憲兵隊員の証言によって明らかにされたものである。このような日本軍による残虐な行為は、戦後のベトナム戦争時の米軍による「ソンミ事件」を想起させるものである。そこには、侵略軍が有する現地住民を蔑視・敵視することからくる、残虐行為の実行という共通の実態がみてとれる。しかし、そうであるからと言って、その行為が戦時における特例だとして看過し許されるわけではない。さらにこれらの残虐行為は、単に一兵士の性質・性格から残虐行為に及んだというものではなく、軍命という軍隊に特有の体質であることに間違いない。

1942年3月23日、ビルマに進攻した第十五軍は「軍律ニ関スル布告」を出している。これは、日本軍に対する敵対行為や設備の破壊をした住民を「軍律ニ照シテ死又ハ重罰ニ処ス」とする厳しい内容であった。この「布告」により、軍律会議の結果、50名が処刑になったという報告がある。しかし、この「布告」が出されたことにより、軍律裁判を受けることもなく、それぞれの部隊の独断で直接に現地住民を処断していた事例も多い。これらは、ビルマにおける日本軍占領期の加害行為の一例である。さらに戦闘が行われているビルマ各地において、スパイ容疑などを理由として多数の無辜のビルマ住民が日本軍によって殺害されたという事実もある。戦争は、必ず弱い立場に置かれている人々を犠牲にするということの証左である。日本人として、忘れてはならない大切なことである。

⑵ ビルマ独立に向けて

英印軍がラングーンを奪還してからは、イギリス第十四軍が軍政を布いていた。その後の1945年10月16日、レジナンド・ドーマン・スミス総督による民政が約3年半ぶりに再建される。彼は、5月に提出された『ビルマ白書』に基づいてビルマ経済と社会の建て直しをはかり、ビルマ支配のために直接統治の全権を付与されて、支配のための政治を実施していった。そして、ビルマをイギリス連邦（コモンウェルス）の一自治領とするドミニオン化の準備を推し進めていく。しかしこれは、ビルマの完全な独立を求めて日本軍と戦ってきたアウンサンを失望させるものであり、彼はこの『ビルマ白書』に対して全面的な反対を表明して行動する。その理由の一つは、パサパラを代表してイギリス軍とビルマにおける軍のあり方を交渉した際、あらたに植民地軍の編成に関して彼の率いる「愛国ビルマ軍」（ＰＢＦ）が小規模の部隊として編成され、さらに彼自身の地位も副司令官級に格下げされたことにもあった。

そこで、アウンサンは軍を離れてパサパラ議長に専念することによって、軍人であることから政治家として活動することを自らが選択する。そこには、かつてビルマ独立のために日本軍と手を結び、軍事力によってその実現を図ろうとしたのであるが、その結果は不充分で国民を苦しませることになったという後悔と反省があった。したがって、このように軍事力だけではなく、政治的・民主的な手段によって政権を獲得して民主的な国家と人民を形成していくという構想は、彼が過去の苦い体験と失敗から学び取ったものである。彼のこうした政治的姿勢と構想は、後に娘のアウンサンスーチーが学ぶことになる。アウンサンの政治的構想とは、具体的には、非暴力に基づいた政治的交渉を通じて独立を実現していくことにあった。そのために、彼は政治団体としてのパサパラの組織拡大に取り組んでいく。

他方でこの時期、イギリス政府とビルマ政庁は、バモウ内閣の国防大臣であったアウンサンを、日本軍と共闘した軍事的責任者であったことを理由として逮捕しようとしていた。しかし、連合国軍の東南アジア軍（ＳＥＡＣ）の最高司令官Ｒ・マウントバッテン海軍大将は、戦争終結前の5月、アウンサンたちのパサパラとその「愛国ビルマ軍」（ＰＢＦ）の抗日闘争と連合軍との共闘に対して感謝の意を表明していた。それは彼が、アウンサン将軍率いる愛国ビルマ軍の戦闘活動を一定程度認めていたことにある。それとともに、マウントバッテンは軍人でありながらもリベラルな思想を有し、ナショナリストのパサパラのみならずビルマ国民に対しても敬愛の念を持って行動している。そうした状況が、アウンサンの逮捕を一時的に保留させていたのである。

１９４６年9月、アウンサンは新ビルマ総督ヒューバント・ランスとの会談に臨み、そこで行政参事会を再編してあらたなビルマの国づくりが討議されることになった。これは、イギリス政府内のチャーチル首相（保守党）からアトリー首相（労働党）への政権移譲が大きな政治的要因になっていたことが考えられる。その結果アウンサンは、行政参事会の議長代行と国防担当を与えられ、パサパラからも多くが会員となった。このイギリス政府の姿勢には、パサパラ指導部内の共産党勢力を排除して、穏健な社会主義勢力へ権力を付与しようとする意図があったとも考えられていた。さらに翌１９４７年1月、アウンサンを代表（主席）とする行政参事会メンバー6名が、ロンドンにてアトリー首相たちと9回にわたって協議し合意している。それは、「アウンサン・アトリー協定」（英国政府とビルマ行政参事会代表団の間で持たれた会談において得られた結論）と呼ばれ、以下の4項目の内容として合意された。

（1）可及的速やかに独立（Independence）を実現する方法を定める。
（2）１９４７年4月に制憲議会議員の総選挙を実施し、新憲法制定作業を実施する。
（3）行政参事会を暫定政府として、イギリス連邦ドミニオン（自治領）とする（したがって、議長代行職のアウンサンが首相として承認される)。
(4)ビルマ内のすべての軍隊は、将来的にビルマ政府の管轄下に入る。
(5)管区ビルマ地区(ビルマ政庁が直接統治する平野部)と辺境地区(間接統治する周辺部の少数民族地域)の人々の自由な相互交流の承認。二つの地区は将来的な統合をめざす。

この合意をめぐっては、双方の思惑は異なっていた。アトリー内閣は、ビルマはイギリス国王が国家元首を兼ねるイギリス連邦の一ドミニオン(自治領)となることを望んでいた。一方、アウンサンは、将来的には共和制の独立国家とすることを望んでいた。しかし、この「協定」がビルマの今後を決定するための価値ある内容であったことは間違いない。ただし、この会談に参加していたビルマ側代表団のうち、ウー・ソオ(かつて植民地ビルマ政庁で首相を務めた)とバ・セインの2人が調印を拒否し、後日に参事会を辞任している。この時の調印への軋轢が理由かは不明であるが、ウー・ソオは後にアウンサンの政敵としてアウンサン暗殺の首謀者となる。

アウンサンは、帰国後、この協定の具体化を推進するために奔走していく。まず何よりも、民族的和解が必要であると考えた彼は、シャン州のパンロン(ピンロン)を訪問し、主要な少数民族のシャン、カチン、チンの各民族代表と交渉をおこなった。それは「パンロン協定」と呼ばれ、各代表が協定に調印することに成功する。その内容は、独立後のビルマ連邦を形成する民族として、それぞれの連邦に加盟し国防権と外交権を連邦政府に委託するというものであった。そして、内政において各民族の自治権が保障されていた。ただし、三つの民族との協定であっただけに、その他の少数民族の参加と調印を得られなかったことは不完全な協定ともいえた。しかし、この「協定」によって、アウンサンが連邦国家建設のために民族和解を強く望んでいたことは明らかである。

１９４７年４月、制憲議会のための総選挙が実施される。すでに選挙前から、アウンサンが指導するパサパラを支持する国民が多いことが予測され、反パサパラ側の政党は選挙をボイコットするという手段に出た。結局、パサパラによる無所属候補に対する立候補取り下げ工作もあり、６名の共産党の当選を除いてパサパラの圧勝となった。このあと、憲法制定議会は、一般選挙区代表の多数のパサパラ議員のほか、カレン人選挙区代表そして総督任命の辺境地区代表を含めて計２５５名によって開催されることになる。

５月下旬よりビルマ独立に向けての憲法草案作成委員会が組織され、憲法制定のための準備が開始された。そこでは、アウンサンたちパサパラを中心として将来のビルマ国家のあり方が審議され、一つの基本理念が構想される。５月20日からの準備会議において、アウンサンはその憲法理念について政治・経済・国防そして民族問題にわたり持論を論じている。その基本的理念として、ジェレミ・ベンサムの主唱した「最大多数の最大幸福」思想を一つの拠りどころとしながら、資本主義・社会主義以上の概念として「真の民主主義」をビルマ国家のあり方に位置づけている。そのための基本目標は、何よりもビルマのイギリスからの完全独立を達成して、あらたにビルマに共和制の国家を実現することであった。そして、ビルマ民族のみならず少数民族との連携による連邦制としての国家建設、近代思想としての三権分立による議会制民主主義の確立、さらには、人権尊重を優先するなどの近代的憲法草案をめざすという立憲主義に立脚していた。

そこには、国家の体制として現状の資本主義的経済を認めつつも、将来的には「社会主義を原則とする独立ビルマ」というかつてのタキン党（我らのビルマ協会）が示した国家像が主張されている。アウンサンが社会主義への移行の中間段階として資本主義体制を容認した理由には、急速な社会主義化は現実問題として困難であり、独立後もイギリスの援助を受けながら経済力を高めていき、多数の国民理解を得る必要があると判断したからに他ならない。

また、独立国家として国防は重要な課題であり、主権国家として自前の強力な国軍の創設は早急の義務であると考えていた。そこで、自らが率いるパサパラの人民義勇団（ＰＶＯ）を含める全ての私兵団と民兵組織は認めず、政府軍として統一した「国軍」こそが国家の防衛を担当する唯一の軍であるとした。その時点では、軍の政治関与については述べていないが、後の演説において、軍は政治に干渉してはならないことを明確に物語っている。そして、独立後の一時期から、軍の主導により「ビルマ式社会主義」という体制が実施されていく。

このアウンサンの独立ビルマ国家への憲法構想の下に、6月10日から制憲議会が開催され、憲法案の審議が開始されていった。憲法案が採決される5日前の7月19日、ビルマ政庁内において アウンサン以下の閣僚たちによる行政参事会が開始されようとしていた。事件は、そこで発生した。突如、４人の男たちが侵入し、手にしていた軽機関銃でアウンサンと閣僚７名を暗殺するという事件が起きたのである。暗殺は、アウンサンの政敵であったウー・ソオ元首相の指示のもとに実行されたものであった。使用された武器がイギリス軍将校3名から渡されたものであったため、イギリス側の何らかの意図があったのではと考えられたが、真相はついに究明されなかった。ビルマ独立を目前にして、ビルマ独立に献身してきたアウンサン(将軍)は、この事件によって32歳の人生を終えることとなった。それは、娘のスーチーが２歳の誕生日（6月19日）を迎えた直後の出来事であった。

第4章
独立後のビルマ政治と国軍

(1)「ビルマ連邦」の独立 ―ウー・ヌの政治―

アウンサンの死後、ビルマ独立の課題を受け継いだのは、アウンサンと大学時代からの同志ウー・ヌであった。彼は早々に憲法制定審議会を開催して、パサパラによる憲法案を議会で成立させた。ついで、1947年10月、イギリスとの間の交渉で「ヌ・アトリー協定」を結び、翌年1月に共和制国家としての独立を承認された。そして同年11月、イギリスは労働党の主導の下、チャーチルらの保守党の反対を受けながらも、「ビルマ独立法案」を下院にて可決したのである。さらに、1948年1月4日、上院にて可決成立したことによって、ビルマの正式な独立が確定した。

このようにして、アウンサンたちビルマ人の努力は、1886年1月にビルマ全土をイギリスの領土とされて植民地となって以来、「ビルマ連邦」(The Union of Burma) としてようやく結実したのであった。

独立後の初代首相に就任したパサパラ議長ウー・ヌの政権は、外交面では積極的な中立政策でアジア・アフリカ会議(バンドン会議)の有力メンバーとして参加していた。しかし、内政面ではビルマ共産党の主張する土地国有化とイギリス勢力の完全撤退という要請に対する不和が生じ、国内で武力闘争を引き起こしていく。さらに、ビルマ族主体の連邦国家に組み込まれることに反対するカレン民族同盟(KNU)との間でも武力闘争が開始されるなど、政局は安定していなかった。一方、１９４９年、隣国中国が共産党政権の中華人民共和国として誕生したことで、共産党軍（人民解放軍）に追われた国民党軍が南下してくるなどのあらたな問題も生じていた。

ここで、こうした武力闘争に対して、国内の治安と秩序を回復させていくために重要な使命をもったのがビルマ国軍であった。しかし、その国軍内も、アウンサンの私兵団ともいわれていた人民義勇団（ＰＶＯ）が二つに分裂し、一方が共産党と連携して離反していくという危機に追い込まれていた。他方の軍は、「30人志士」の一人であるネ・ウィンが掌握し、国軍司令官としてビルマ民族を主体とした軍隊を作りあげて掌握していった。彼は、独立前の日本軍との戦闘において、アウンサン（将軍）を司令官とする「愛国ビルマ軍」（ＰＢＦ）の軍幹部であった。しかしながら、イギリス軍は、傘下に置いた植民地ビルマ軍の構成を6対4の比率で少数民族であるカレン・カチン民族などの非ビルマ民族を優先していた。そのため、ＰＢＦは不遇の立場で戦闘するという状況に置かれる。このことから、ネ・ウィンらは反日闘争に加えて、反英闘争という独立闘争以来のビルマ・ナショナリズムの精神を一層強く持つにいたっている。そして、このビルマ族と少数民族という対立の構図は、終息することなく国軍と少数民族の武装組織との内戦状態として継続する大きな要因となっていく。

１９５２年、独立後最初の総選挙によって勝利したパサパラは、ウー・ヌ首相の下で高度福祉国家としての政策を打ち出していく。しかし、貿易の主力である米価格が、国際的な下落によって不振となるなどして政治的経済的な混乱が起こってくる。そうした中で、パサパラ内部の政治的対立により一方が離党していく事態が生じた。その後、1956年の総選挙で過半数は維持したものの、パサパラの議席数は落ち込んでいった。ウー・ヌは首相の座を譲ってパサパラの政治力を回復させようとしたが、結局1958年に二派に分裂し、ビルマ政治に対する大きな混乱と治安の悪化を招くにいたった。この政治的危機を克服するために、国軍最高司令官であったネ・ウィンはウー・ヌ首相と談合し、議会承認の下に国軍の主導による選挙管理内閣をつくることを提議し、ウー・ヌ首相がその提議を受け入れたことで、ここにビルマの国軍を背景とする政治体制が本格的に始動していくことになる。

(2) ネ・ウィン(ネイ・ウィン)の政治

ネ・ウィン

国軍を背景とする選挙管理内閣は、ネ・ウィンが率いる国軍の力によって国内における組織の改革と強化政策が推進されていく。したがって何よりも国軍強化を優先的な事業として取り組まれた。そのために、彼はビルマ人による軍幹部(将校)を養成する士官学校を創設し、また軍の財政を強固なものとするために国防協会を設立して、軍自らが会社経営という事業に乗り出して利権の獲得にも力を注いでいった。そして、1960年2月の総選挙で第一党（連邦党）となったウー・ヌが再度首相に返り咲く。しかし、ウー・ヌは憲法改正によって仏教（上座部仏教）を国教に規定して国民の不満を高めたり、資本主義体制を急激に推進したことから経済的な混乱をもたらしていく。さらに、少数民族からの自治権要求に対して明確な態度を執ることができず、国軍が戦闘状態に入らねばならないという治安の悪化が進んだ。

こうしたビルマの現状において、ネ・ウィン国軍司令官は国軍主導の中央集権国家としての連邦制を確立するために、1962年3月2日、軍事クーデターという非常手段を実行して政権を奪取する。それによって、彼はウー・ヌ首相以下の閣僚を逮捕するなど、国軍の軍事力をもって政権を倒し全権を掌握したのである。これ以降、ビルマは長期に渡る軍事独裁政権が維持されていくこととなる。

ここで、軍部による軍事クーデターが実行される基本的な理由を考察しておきたい。近年における軍事クーデターの事例をみる時、そこには共通する事項がいくつか存在している。かつてのエジプト、リビアなどのアフリカ諸国、チリなどの南米諸国、そしてタイ、インドネシアなど東南アジア諸国においては、その多くが軍事クーデターを経験してから後に、近代国家そして民主国家として現代にいたっている。それらの国々に共通するのは、いずれも戦前は植民地ないし半植民地となっていた国々で、戦後も政治的・経済的そして文化的に発展途上国ないしはそれに近い国々であった。欧米のような、近代的な統一国家としての体裁を当時確立しておらず、経済の力も弱く政治が不安定であった。

そうした国内事情の中にあって、軍の使命は国家の独立とその主権の擁護を第一としていた。したがって、政治家たちも資本家たちも、その行動は軍の庇護と依存のもとで実行されていた。裏を返せば、軍こそが国民に代わって実質的に国家主権を代表する位置にいたのである。それゆえに、対外的・国内的な政治状況の危機が増進するにしたがって、さらに国民が望むと否とに拘わらず、軍は国家の危機を打開するために行動していくことになる。すなわち、国家を変革して新しい国家をめざす指導者とそれを支持する多くの民衆が不在の場合には、必然的に軍部が台頭してくる危険性があった。そして、それを実現するだけの人材と（軍事）力、そして行動力を有する組織は軍しかなかったのである。

特にビルマの場合、アウンサンたちの独立義勇軍の設立とその闘争の歴史をみれば、軍が直接的に独立に関わり、その後の政治に主導的な役割を演じてきたことは歴然としている。すなわち、ビルマにおいては他国とは少し異なり、「軍事と政治は一体のものである」という認識が当然のものとして存在しているのである。この点を抜きにしてビルマ問題は語れないともいえよう。

1962年のビルマは、まさしくそうした国家的危機的状況に置かれていた。さらに、ウー・ヌ政権の議会制民主主義が充分に機能していないという現実的な問題があった。そこに、ネ・ウィンが率いる軍事クーデターによって、軍による強力な中央集権国家の確立が構想されていたのである。それによって、国家の独立と統一国家としての国づくりが急がれたとも考えられる。

さらにネ・ウィンにとっての宿願は、アウンサンと共に「30人の志士」として独立義勇軍を結成して以来、アウンサンに次ぐ軍のナンバー2として、強力な国軍を作りあげることによって独立を達成することにあった。それは1948年の独立によって達成することができたものの、それ以後の14年間におけるウー・ヌ政権の政治状況は彼にとっては満足すべきものではなかった。そうした中で、彼は独立後も絶えず続く国内少数民族との内乱や中国国民党軍の残党の掃討作戦など、軍司令官として戦う国軍の努力を誇りとしていた。そこには、国軍こそが国家を守っているという自負があったと推測できる。また、選挙管理内閣の中心人物として国家の危機に対処してきたという自信もあったはずである。若き日より、軍人として軍と共に歩んできた人物の政治哲学としては当然ともいえた。

ネ・ウィンは、1911年に下ビルマのパウンデー市の公務員の子どもとして誕生している。本名はシュ・マウンで、ネ・ウィン（輝く太陽の意味）は「30人の志士」時代につけたものである。アウンサンと同じようにビルマ中間層の出身で、民族運動に関心を持つようになったのはラングーン大学を中退して郵便局に勤務していたころである。タキン党（我らのビルマ協会＝ドバマ協会）員となるが、アウンサンたち主流派（コオドマイン派）ではなく、少数派のバセイン派に属していたが特に目立った活動はしていない。

彼が大きく変貌を遂げていくのは、日本軍から「30人の志士」として海南島で軍事訓練を受けた時からである。戦後、当時の教官であった赤井八郎氏は、ネ・ウィンについて「とにかく頭が、とくに記憶力がすぐれていましたね。将来、大物になるんじゃないかという気がしましたね。だからこそ、ネ・ウィンは途中から将来の幹部要請コースとされたアウンサン、レッヤー、セッチャーらのいる第三班に編入されたんです」（ボ・ミンガウン・１９９０年）と語っている。このように、ネ・ウィンは軍人としての素質を日本軍によって鍛えられ、生粋の軍人として成長していったのであった。

ネ・ウィンは国軍の最高司令官として政権を奪取して以降、彼が描いていたビルマの政治を実際に実行していく。問題はその内容であり、なぜ26年間という長期にわたる独裁的な軍事政権を維持しえたかである。以下に、その概要を考察していきたい。

第一は、その政治体制である。クーデターによって政権を掌握した後、彼は革命委員会と革命政府を樹立している。その革命委員会が、4月に「ビルマ式社会主義」と題する革命政府の基本政策を発表する。「ビルマ式」と銘うっていることからもわかるように、思想としてのマルクス・レーニン主義を完全に受け入れるというものではなく、ビルマのすべての現実社会に適合する理論を研究する中で、その最良の理論に基づいて政治を実践するというものであった。したがって、ソ連や中国などの社会主義国と連携する国際共産主義運動とは直接に結びついてはいなかった。すなわち、マルクス主義の基本概念である唯物論に基づく思想体系ではなかった。当然、下部構造の生産関係に基づいて上部構造の思想や政治が規定されるものとはしない。その基本的思想は、「人間と環境が相互に影響を与え支え合うことによって文明と社会がつくられるという認識」（根本敬・２０１４年）であるとされた。

クーデター後の７月４日、ネ・ウィンはその「ビルマ式社会主義」を実現していくために、ビルマ社会主義計画党（ＢＳＰＰ）を設立してその議長に就任した。このＢＳＰＰには多数の国軍将校が入党し、実質的にネ・ウィン議長を中心とする国軍との協力関係が強い政党であった。それゆえ、ビルマの政治は、大統領となったネ・ウィンが率いる国軍の意思にしたがって実行されることとなり、ここでも軍と政治は一体のものとなっていた。さらに、彼は他の諸政党と協力を得ることができないと判断した後、アウンジー（准将）などの政敵を排除して、ＢＳＰＰ以外の政党を解散させることでＢＳＰＰ単独の独裁的な政治体制を確立していくことになる。

その後の１９７４年３月２日、新憲法を制定して民政移管を実施する。その「前文」において、「資本主義的議会制民主主義の悪影響により、社会主義の大義は殆ど忘却された」として、「社会主義を樹立するための国権を掌握」すると明確に宣言した。さらに、国名を「ビルマ連邦」から「ビルマ連邦社会主義共和国」と変更して社会主義国であることを強調する。しかし民政移管したとはいうものの、その実態は国軍主導のＢＳＰＰによる一党独裁政治の中央集権国家であった。さらに、ネ・ウィンは１９８１年に大統領職をサンユ書記長に委譲したが、実質的には院政として依然として実権を掌握していく。そして、その政治は、外交面においては中立政策をとりながらも、交流は隣接する中国やインドなどの国々に限定するという一種の鎖国的な状況であった。これは、国軍によるビルマ族中心の排他的ナショナリズムによるもので、欧米の政治や文化などの流入を阻止しようとする思惑があったと考えられている。

第二は、その経済体制である。ネ・ウィンは、外国企業との合弁事業を推進するとともに、社会主義を推進するために国内の銀行・企業などを国有化し、「クローニー企業」と呼ばれる国軍系の企業、財閥を設立して、そこへ軍関係者を幹部として出向させていく。しかし、この政策は経済効率や生産物の質的低下を招くなど、後日ビルマ産業を停滞に陥らせていく大きな要因ともなっていった。さらに、病院・学校・新聞社なども国有化していくのであるが、農業政策に関しては農民の伝統的な保守性と治安対策上の理由によって、集団化や共同組合化などの国有化はほとんど実施されなかった。そのため、農民は基本的に自分の所有する田畑の耕作が許されている。しかも、約4割を占める小作農問題への対策を講じなかったこともあり、農業生産は向上しなかった。

こうした経済的危機を乗り切るために、ビルマ政府はODA（政府開発援助）を積極的に受け入れることで解決しようとした。そうした取り組みもあり、1975年以降から経済は全般的に向上していき、経済成長率もビルマ政府発表ではあるが4％から6％の比率で向上している。

第三の問題は、文化・教育に関する政策である。ネ・ウィン体制の下では、文化政策として欧米の出版物や芸術などが、政治同様に規制ないし排除され、「鎖国」的なビルマの伝統文化が保護される傾向にあった。宗教政策では、１９７４年の憲法は信仰の自由を保障し政教分離の原則を基本としていた。しかし、僧侶の教団組織であるサンガや僧侶個人に対する行動への統制をしつつも、政府自らが上座部仏教を優先的に保護する面がみられるなどの矛盾があった。

教育政策に関しては、キリスト教系の私学が国有化されるなど、学校ではかつてのすぐれた英語教育がビルマ語教育に取って代わられるというような状況にあった。そして、ビルマ語教育を徹底していくことによって、少数民族の言語教育が制限されるという不満につながっていく。さらに、少数民族の政策において、カレン、シャン、カチンなど七つの主要民族に自治領としての「州」を与えたものの、実際には中央政府の支配下に置かれることになり、政治的な自由の保障は認められていない。こうした一連の政策が、政府・国軍との間に大きな抵抗と対立をもたらしていく原因となっていた。

第四の問題は、特に重要となる。それは、国軍は、自らをビルマ国内においていかなる存在として認識していたのかという、国軍の存在意義についてである。ネ・ウィン体制の下での国軍は、その「ビルマ式社会主義国」としての意義を捉えて、国内の政治的危機をクーデターという彼らにとっての「革命」により救国したという認識が強いといえる。すなわち、本来の軍の存在は、他国の侵略に対して自国を防衛することを主たる任務としている。だが、ビルマ国軍の歴史を考察したとき、アウンサン（将軍）指導のもとに「ビルマ独立義勇軍」として発足し、かつ独立闘争を進めてきたという歴史を有する軍であり、反英、抗日の独立闘争を経てきたという、むしろ防衛軍というよりも独立のための革命軍としての存在意義を有していた。そのため、国軍は国内問題を解決するために存在する軍であるという意義が強いのである。そして、その救国的「革命」を経て、独立後の国内政治を指導してあらたな国づくりを進める集団組織であるという自負と認識を持つにいたっている。いわゆる「軍事と政治は一体である」という思想である。

それゆえに、社会主義化をすすめていく国の軍として、三権分立という近代民主主義政治は原則としつつも、クーデター後のビルマ政治を自らが主導し行動していくという認識が強い。すなわち、国軍と政治とは一体の関係と認識され、国家主権を最終的に決定するのは、その責務を有する国軍であるとの思いが強くあり、それが当然であると認識されている。それは１９１０年代のイギリス統治下において、独立によってビルマ人によるビルマ国家を建設するという「ビルマ・ナショナリズム」構想と共通する思想でもあった。したがって国軍は、ビルマ独自の「ナショナリズム」を背景としてビルマ的とする国家の建設を主導し、国民をそこへ強制していくということを正当化しているように推測できる。しかし、そのような独善的で独裁的な軍の政治支配は国民の大きな反感をもたらしていく。

(3) 1988年の民主化闘争と軍のクーデター

１９８０年代の後半から、世界ではフィリピン（１９８６年）、チリ（１９８８年）など独裁的な政治支配を打破する民主化闘争が頻発していく。１９８８年のビルマにおいても、軍主導の一党独裁的な政治に対して、学生・僧侶そして市民によるネ・ウィン体制に反対する運動が高まっていった。その後、そうした民主化を求める動きは、１９８９年に入り中国北京での第二次天安門事件やベルリンの壁撤去（翌年に東西ドイツ統一）が起こり、さらにソビエト連邦の崩壊（１９９１年）へと続いていった。

１９８８年3月、ビルマでの反ネ・ウィン体制に対する民主化運動は、ラングーン大学生とＢＳＰＰ（ビルマ社会主義計画党、当時の議長はネ・ウィン大統領で）有力者の息子とのトラブルに端を発して始まる。その騒動の中、警察官によって一人の学生が射殺されたことによって、抗議活動は学生の大規模なデモとなって大きく展開されていった。そし、国軍の出動と弾圧によって多数の学生が死亡した。そのことによる市民の反発によってデモは各地に広がり、その抵抗運動の重大さに気づいたネ・ウィンは、七月のＢＳＰＰ臨時大会を開催して、ついに党議長職を辞任する。しかし、彼はその辞任演説の最後に、国民を威嚇するかのように、今後このような騒動を起こした時には、軍は国民に対して銃を「命中するように撃つ」と語ったといわれている。ここには、国軍の役割ともいえる国内治安を維持するための正当な行為として、強権を発動してでも社会秩序を維持するというビルマ国軍の本質が鮮明に打ち出されている。一方、新大統領セインルウィンの選出後も民主化運動は拡大し、8月8日には首都ラングーンにおいて、連日数十万規模のゼネストを含む大規模なデモが行われていく。これは「8888運動」と呼ばれ、結局、セインルウィン大統領はBSPP議長と大統領を辞任していった。

そのあとを受けて、文官出身であるマウンマウンが大統領に就任したものの、デモ活動は終息しなかった。彼らの要求は、ビルマの民主化運動の柱として、政治的に近代民主主義の議会制民主主義や基本的人権の尊重、経済的には自由な資本主義経済を求めるものであった。この運動の過程で、アウンサンスーチーや元国防大臣ティンウーがこの闘争に参加してくることになる。

9月18日、この民主化運動は、国軍の二度目のクーデターによって武力で弾圧されていく。国軍はこの日、ネ・ウィンが辞職時に語った射撃を実行して1000人以上ともいわれる市民の死傷者を出した。さらに、BSPPを解散し、これまでの「ビルマ式社会主義」を放棄して軍による独裁政治を強化していくことになる。そのために、国軍は国家法秩序回復評議会（SLORC）という軍事政権を発足させ、ソオマウン大将が議長に就任した。しかし、1992年、彼は病気によって引退することになり、後任にタンシュエ大将が就任する。そして彼とSLORCは、ネ・ウィンが1962年のクーデターによって確立した「ビルマ式社会主義」を放棄し、資本主義経済へと完全に体制方針を大きく変換させていく。また、ＳＬＯＲＣの政治活動に反対する勢力を封じ込めるため、翌年には国民民主連盟（ＮＬＤ）の書記長に就任して、民主化運動を進めていたアウンサンスーチを自宅軟禁処分にしていった。その一方で、１９９０年5月27日、ビルマ国内において30年ぶりとなる複数政党を承認して、総選挙を実施したのである。

第5章
民主化運動とアウンサンスーチー政権

(1) アウンサンスーチーの思想基盤

アウンサンスーチーは、ビルマ独立運動の指導者で、現在においても「建国の父」「独立運動の父」と呼ばれて敬慕されているアウンサン将軍の娘であることはよく知られている。1945年6月19日、父アウンサンと元看護婦であった母ドオキンチーの間に、ラングーン(現・ヤンゴン)にて3兄妹の長女として誕生した。その名前は、父の名のアウンサン、祖母ドースーの一部スー、そして母ドオキンチーの一部チーの名をもらい受けて、アウンサンスーチー(アウンサン・スー・チー)と命名された。誕生当時は日本軍占領期の末期であり、父アウンサンは愛国ビルマ軍(のちビルマ国民軍)の指導者として日本軍と激しく戦っていた。そして戦後、ようやく独立を実現するという直前に、政敵の凶弾によって不慮の死を遂げてしまったのである。

父の死後、アウンサンスーチーは母ドー・キンチーの手で育てられる。母は敬虔な上座部仏教徒であったが、スーチーに高度の教育を身につけさせる意図もあったのか、英語教育を行っていたキリスト教系の私立聖フランシスコ修道会学校(1965年以降は国有化によって公立の学校となる)、そしてメソディスト高等学校で学ばせ、家庭内ではスーチーにも上座部仏教徒としての教義を厳格に教えている。したがって、スーチーは学校でのキリスト教の教えを学んではいたが、自らの宗教としては上座部仏教徒としての信仰を続けている。

現在においても、上座部教学の教科書としての『清浄道論』（Visuddhimagga）はその教理構造の骨子を論じている。そこには、涅槃への「清浄なる道」を教示するところの実践修行論が展開されている。そして、悟りへの実践過程が精緻な組織的構造として組み立てられている。その修行の三要素は、「修行目標」・「修行態度」・「修行実践」であり、「修行目標」は「さとり」としての最高の智慧の獲得だとされる。さらに、これらの目標を獲得する場合は、修行者としての「構え」と「行い」が必要とされた。したがって、こうした難行苦行の後に「さとり」を獲得することは、在家の教徒にとっては極めて困難である。そこで、出家僧侶たちに布施などをすることで、自力救済としての行動をとることになるのである。このことは、アウンサンスーチーの思想と行動を理解しようとする時、彼女がいかに冷静に民主化運動を実践しているかに際して、上座部仏教徒であることが重要な問題を解決する糸口となる。

そのことに関連して、１９８８年の軍政に対する民主化運動の中において、多数の僧侶によるデモ行動が見られたことに注目しておきたい。そこに至る前提として、ビルマは独立以前より在家の民衆生活と出家した僧侶集団との深い結びつきがあった。僧侶集団は、常に国と民衆との平和と平穏を祈る集団ないし個人として存在していた。したがって、軍政による民衆への抑圧は許されざる行為として捉えていた。一方の軍も、当然のように、僧侶集団を軍政に反対する政治意識をもつ社会層の一つとして監視の対象としていた。そのために、軍は国家権力を行使して、全僧侶を統括するサンガ組織なるものを創設していくことになる。

しかし、そうした監視下に置かれながらも、僧侶たちは寺院内につくった慈善学校で貧しい子どもたちへの教育を施したり、あるいは貧困層への生活支援などを日常的に行っていた。それゆえに、彼らが民主化運動の柱の一組織として参加していたことは当然ともいえた。軍当局は、そうした僧侶のデモ隊に対して武装兵士を送り込み、統計によれば、1988年8月から9月の1カ月だけで約600名の僧侶を殺害し、1988年の1年間に約1万人の死者（日本の報道では、犠牲者数千名）を出したと報じられている（守屋友江、2010年）。こうした、僧侶の行動の中に、上座部仏教徒としての修行目標である三要素、「修行目標」「修行態度」「修行実践」を実行する「構え」と「行い」が見られ、民衆を救済せんとする強い意志が読み取れる。

1960年、スーチー15歳の時、母ドオキンチーがウー・ヌ政権の時代にインド大使として赴任して行くに際し、共にデリーへと出発する。インドではキリスト教系の修道会学校を卒業してから、1962年にカレッジ（Lady shri Ram College for Wemen）にて政治に関心を持ち政治学を学んでいる。当時のインドは、マハトマ・ガンディーの下で政治を学んだネルー首相が政権を担当しており、ネルー一家との親睦と交流を深めていた関係もあると考えられる。そうした過程の中で、スーチーはインド「独立運動の父」と呼ばれるマハトマ・ガンディーの思想と政治活動に共鳴し尊敬していく。ガンディーの、「非暴力、不服従」の精神と行動は、その当時に学びとったもので、その後の彼女の政治活動に大きな影響を及ぼしていくことになる。

1964年、カレッジを卒業したスーチーは、イギリスのオックスフォード大学のセント・ヒューズ・カレッジへ留学し、哲学・政治学・経済学を専攻して学んでいく。当時を知る友人は、スーチーが「礼儀正しく、慎み深く、そして初で東洋的な道徳を厳格に守る保守主義者」であったと回顧している。そこには、上座部仏教徒としてのあるべき行動が出ていたのではないかと考えられる。

カレッジ卒業後、彼女は同校にてヒュー・ティンカー（Hugh Thinker）教授の研究助手として「ビルマ政治史」を学んでいる。さらに、1969年にニューヨーク大学大学院でビルマ政治史を担当していたフランク・トレイガー（Frank Trager）教授の下で国際関係論を専攻して学ぶこととなった。その後、ニューヨークの国連本部職員として3年間にわたり財政担当スタッフとして勤務し、そこでオックスフォード大学時代に知り合ったイギリス人でチベット学者のマイケル・アリス（Michael Aris）と結婚する。彼女が26歳のときであった。

1973年にはイギリスにもどり、2人の男児の子育てをしながら、ロンドン大学の東洋アフリカ研究員として研究を再開した。その博士論文の課題は「ビルマ近代史におけるナショナリズムの影響」であることから、彼女が父アウンサンの思想とその生き方としての行動を証明するために、ビルマ・ナショナリズム運動に関心をもって研究しようとしたことが推測できる。そして、同じようにイギリスの植民地であったインド政治と比較する中で、ビルマのナショナリズムが抱えていた問題を追求しようとしていたことも考えられる。

さらに彼女は、父アウンサンをより知るために日本語を学び、1985年10月、40歳で京都大学東南アジア研究センターの客員研究員として来日し、アウンサンたちの行動に関する日本側資料の収集と調査を実施していく。翌年にはラングーンに帰省し、病気であった母ドオキンチーと過ごしている。そして、一旦イギリスへ帰ったのであるが、母の危篤の知らせを受けて再度ラングーンへもどった。それが1988年3月31日であり、ビルマ国内はネ・ウィンの独裁政治に反対する反政府運動のデモが大規模に展開されていた時期であった。そして、アウンサンスーチーは、デモ隊の考え方に共鳴しその共闘活動に参加していく過程で、民主化運動のリーダーとしての存在を示していくことになる。それは、アウンサン将軍の娘として多くの国民の支持を得ていくという、必然的ともいえる歴史的要因が大きく存在していた。

(2) アウンサンスーチーの民主化運動と国軍

1988年の「8888運動」による、政府に対する民衆の民主化を求める運動は各地で大規模な集会とデモによって強まっていった。しかし、国軍の弾圧は激しく、多数の学生、僧侶そして市民が犠牲となっていった。そうした中で、アウンサンスーチーは、8月26日のヤンゴン最大のシュエダゴン・パゴダ西側で行われた国民集会に参加する。彼女は、そこで初めて多数の民衆に向かい、父アウンサン将軍の言葉を引用しながら演説した。そこには、彼女の今後における民主化運動に向かう原点ともいえる内容が含まれている。

「この運動は、実は、第二の独立闘争と言うことができます。一民族全体が、民主主義・自由を熱望したればこそ、生まれてきた闘いなのです。民主主義に関して、父の発言の一部を読みあげてみたいと思います。

『我々は、民主主義の理念のみを、広めるようにしなければならない。この主義にのみ基づいて独立ビルマ国を創設するように努力しなければならない。そうでなければ、我々ミャンマー国の人々も苦しむことになる…（中略）…この主義は平和を支持する。それゆえ、この主義のみを我々は目指さなければならない』

このように父は言っています。ですから、私たちは、私の父の言葉に従って、民主主義の独立闘争に加わったのです。民主主義を獲得するためには、国民全体の団結が必要です。団結すれば何事も可能です。団結しなければ何も成就できません」（『アウンサンスーチー演説集』伊野憲治編訳・１９９６年）

スーチーは、このように「民主主義の理念」と「平和」に基づくビルマの国づくりを述べ、そのための「国民の団結」の重要性を訴えた。そして、クーデター以後、そのような国を実現していくための政治活動を開始していく。

国軍は、9月18日、民主化運動が強まる中、二度目のクーデターを実施して政権を奪取する。そして、これまでのBSPP（ビルマ社会主義計画党）を廃止して、あらたに国家法秩序回復評議会（SLORC）を設立し、ソオマウン大将が議長として全権を掌握した。そして、翌年には国名をビルマからミャンマーへと変更していく。しかし、スーチーたちNLDは軍政に国名変更の権限はないと主張して「ビルマ」名を使用し続けた。

この民主化運動を展開する中で、スーチーたち活動家は元国防大臣（国軍最高司令官）のティンウーらと国民民主連盟（NLD）を結成して軍政に対抗していく。当時43歳のスーチーは、その書記長に就任して本格的な政治活動を開始することとなった。彼女は全国での遊説活動を開始すると同時に、それらの地域に支部を結成し組織を拡大することに奮闘していく。

さらに、翌年（1989年）6月30日、ヤンゴン管区ミンガラーンタウンニュン郡における演説で、当時の軍政を強く批判する。彼女は、聴衆に向かって次のように訴えた。

「現在、国民民主連盟としては、不当な命令・権力に対して、反抗していくことを決定いたしました。…（中略）…しっかりとした信念を持つように努力してください。自分の国のために、困難に立ち向かい、問題に立ち向かうのだという気概を培ってください。こうした尊い精神を培うことができれば、私たちの国は、発展することができるのです。…（中略）…私たち、民主主義を欲している国民は、基本的人権を尊ぶ国民は、大きな志を抱いて、国家の長期的利益を考えながら、勇気を持って、引き続き正しく行動していってください。私は、国民の側に常に立っています」（前掲・伊野、１９９６年）

さらに、集会パンフレットの裏表紙には「大多数の国民が同意しない命令・権力すべてに対して、義務として反抗せよ」と記載されていた。アウンサンスーチーのこの演説は、非民主的な軍事政権（国軍）の不当な「命令・権力」に対して、それに「反抗」することは国民の「義務」であることを訴えていた。そして、結びで「勇気を持って」「正しく行動」することを主張している。それは、「反抗」が「義務」であるとしても、民主化闘争の手段は「正しく行動」してくださいと要望しているのである。これこそ、彼女がインド在住時に学びとった、ガンディーの「非暴力・不服従」思想に基づいて「正しく行動」することの大切さを想起させるものである。ガンディーは、１９２９年末、ラホール（現在はパキスタン）で開催された会議派の年次大会で「１年以内に独立を勝ち取ろう。その目標のために非暴力の市民不服従運動を行おう」（竹中、２０１８年）と演説していた。

このアウンサンスーチーの演説やＮＬＤの活動は、ソオマウン議長の軍政側に強い危機感を持たせていく。その結果、スーチー演説の１カ月後の7月20日、彼女の演説は「国家防禦法」に該当するとして自宅軟禁に処されたのである。この軟禁は１９９５年7月まで、計６年間の長期に及んだ。こうして、彼女の政治活動は完全に押さえ込まれてしまった。さらに、国民民主連盟（ＮＬＤ）に結集していた党員の学生や市民数千人が逮捕され、軍政はＮＬＤをはじめとする民主化運動を徹底的に押さえ込んでいった。

軟禁中のスーチーに対して、軍事政権側は国外へ出ていくことを条件に解放するとしたが、彼女はそれを拒否している。これは、1989年6月にヤンゴン市内で、「私は、国民の側に常に立っています」と民衆に訴えたことを表した行動ともいえた。また、国外に出た場合、二度と入国できないことも知っていた。さらに、夫や2人の息子たちの訪問は軟禁3年目からは禁止された。ただし手紙の交換は許されていた。しかし彼女は、自宅軟禁処置の不当性に対する抗議として自らそれを放棄している。このことからわかるように、アウンサンスーチーの心には、その全てを祖国ビルマの民主化のために捧げるのだという強い意志がみられる。

自宅軟禁中の彼女の生活は苦しく、軍政側の支援を拒否し、家財道具の一部を売却するなどして生活費の足しにするというような状態であった。外部との連絡は、電話線が切断されており通話は不可能であり、新聞や雑誌を購読して読むこともできなかった。ただし、短波ラジオの受信が可能であったのでＢＢＣ（イギリス国営放送）やビルマ語による国際放送を聴取して、部分的な情報を得ることはできた。訪問者は、毎日通ってくる家政婦のみで、政治関係の支援者の来訪は許されなかった。そして、軍側からは情報将校が毎月一度来訪し、彼女の監視と健康状態などの情報を収集していた。その際、軍側からの必要事項も伝達されていた。

アウンサンスーチーはこうした生活の中にあっても、上座部仏教徒として「清浄なる道」を実践するための信仰を欠かすことなく実行している。毎日午前4時半に起床したのち、1時間の「内観瞑想（ないかんめいそう）」を行っていたのである。その後、ラジオの聴取、掃除、運動、読書など日常的な家庭内での雑用をこなしたあと、早く就寝するという規則正しい生活を送っていた。

１９９０年5月、彼女の軟禁生活開始1年後、ソオマウン議長（副議長タンシュエ）の軍政側は、公約にしたがって30年ぶりとなる複数政党制による総選挙を実施した。当然、スーチーもＮＬＤの一人として立候補したが、選挙管理委員会はそれを拒否し受理しなかった。多数のＮＬＤ候補者たちも、スーチーら党の中心人物を出馬させることができないという不利な選挙戦を戦わなければならなかった。しかし、結果はＮＬＤの圧勝となり、定数４４７議席中３９２議席を獲得し、議席獲得率は実に81パーセントに達していた。軍が支援した国民統一党（ＮＵＰ）は、わずか10議席という惨敗に終わった。その勝利の根底には、軍事政権の政治に不満を持ち、アウンサンスーチーという人物とＮＬＤの民主化運動に賛同し、その政治に期待する多くの国民がいたという結果に外ならない。

この総選挙結果に対して、軍政側の国家法秩序回復評議会（ＳＬＯＲＣ）は強い危機感をもち、その政権移譲を拒否し議会開設を無期限の閉会とした。その上で、軍政側が選出した議員のみで制憲国民会議なるものを開き、新憲法の制定に着手していった。その後も、選挙

『自由』（アウンサンスーチー、1991年、集英社）

結果に対する抗議デモを弾圧し、ＮＬＤ関係者やそれを支持する僧侶や公務員を逮捕し、思想調査を実施するなど反対勢力の押さえ込みを図っていく。

１９９１年10月、そうした重苦しいミャンマー情勢の中で、アウンサンスーチーへのノーベル平和賞が決定した。その理由は、彼女の非暴力による民主化運動に対する指導への評価である。このことは、ミャンマーの民主化勢力の運動にとって大きな力となった。と同時に、国際社会におけるスーチーの存在とビルマの民主化運動の姿を明確にしていくことになった。12月の授賞式には、自宅軟禁されている彼女に代わって、夫のマイケル・アリスと2人の息子が出席した。しかし、軍政側はこの事実を無視しただけでなく、国内における報道規制によって国民に知らせないようにしていた。このアリス氏も、１９９８年3月に、不幸にも病気のために亡くなっている。彼女はこの時、大きな英断を迫られたともいえる。一つは、愛する夫の最期を看取るためにイギリスへ行くことである。しかし、そのことは、軍政が彼女をミャンマーへ二度と入国させることはあり得ないことを意味していた。二つは、イギリスへの帰国を断念して、ミャンマーの民主化運動の先頭に立たねばならないという責任と義務であった。そして、彼女は苦渋の決断をして後者を選択したのである。その意志は、現在においても彼女の胸に強く深く存在していることは確かだと考える。このように、アウンサンスーチーにとっての自宅軟禁は、愛する夫との死にも立ち会うことが許されず、また自由な政治活動を抑圧されるという不遇の時代を迎えていたのであった。

１９９２年4月、この間に国軍側に動きがみられる。二度目のクーデターによって実権を握っていたＳＬＯＲＣ（国家法秩序回復評議会）議長ソオマウンが病気のために引退し、代わってタンシュエ副議長（国軍司令官を兼務）が議長に就任したのである。彼は、ＳＬＯＲＣの副議長としてすでに実権を掌握しており、軍事政権を暫定政権として位置付けていた。そして、「ビルマ式社会主義」を放棄して、その時点で資本主義経済への社会体制への移行を決定していた。また、彼はＮＬＤの躍進に警戒心と危機感をもって、アウンサンスーチーを自宅軟禁処分にした後に、１９９０年の総選挙を実質的に指導した人物でもあった。したがって、この後、タンシュエ軍事独裁政治が本格的に開始されていくことになるのである。

１９９3年1月、休会となっていた制憲国民会議が開催された。しかし、その議員構成は軍政側の思惑どうりで、90年の総選挙で選出された議員はわずか99名のみで、国民会議構成員の14パーセントにすぎない不当なものであった。残る構成員は、軍が一方的に選出した少数民族を含む農民や労働者の一般市民であった。さらに、その国民会議で審議されるのは、軍事政権が提出した議案のみであり、それ以外の発言は不規則発言として処分されるという異状な国会であった。また、そのような非民主的な審議に抗議したNLD議員86名が除名されて後、1990年総選挙で選出された議員はいなくなっていた。

この制憲国民会議で軍事政権が企図したことは、政権側（国軍）が立法・行政・司法の三権において、特別な地位を優先して保持できるということを憲法の条文に規定することにあった。その内容の例として、大統領と副大統領2人のうち1人は軍人から選出する仕組みとしている。そして、その大統領の資格条件として、「ビルマ国内に20年以上居住」し、併せて「外国勢力から政治的影響力を受けていない者」に限定した。この条項の規定によって、外国人の夫を持つアウンサンスーチーは、憲法上、大統領になる資格がないことが決議された。このことは、軍事政権が彼女の国民的人気を警戒して、意図的に大統領職から排除することを規定としたのである。すなわち、法的に、彼女を行政の長に就任することを拒絶したことになる。

1995年7月10日、アウンサンスーチーへの大統領職とNLDに対する法的な規制をした後、軍事政権は彼女を6年ぶりに自宅軟禁から解除した。しかし、彼女の政治活動は困難を伴うものとなっていた。その活動は、彼女の自宅前で毎週土曜日と日曜日に開催する市民との対話集会に限られていた。そして、それすらも禁止されていくという状況になる。すなわち、彼女やNLDにとって、言論の自由や集会の自由という、人権としての精神的自由権はまったく保障されていなかった。当然、軍事政権側との交渉や対話は拒否されていた。また、国軍はＮＬＤの活動に様々な制約を科して妨害していた。

タンシュエ議長たち軍政の当面の主たる政治活動は、社会主義経済から資本主義経済への転換に際して、経済活動を活発にして国民生活を豊かにすることであった。そのために、経済開発を推し進める経済改革が重点施策とされた。しかし、鉄道・道路・電力などのインフラ整備は進まず、むしろ外国資本による貿易業や観光業などに依存するという状況であり、国内資本の成長が遅れていた。長期に渡る軍事政権の下で、軍事面での強化に重点が置かれていた関係上、どうしても強力な資本家と企業集団の立ち遅れがあった。そして、軍人には経済を指導する能力が弱かったこともあり、将来的な展望が見えてこなかった。そのために、国民生活は疲弊し、貧富の差も拡大していた。

その理由の一つに、軍政側に大卒の優秀な集団が形成されていなかったという問題もある。例えば、軍政の中心であるＳＬＯＲＣ（国家法秩序回復評議会、１９９７年に国家平和発展評議会＝ＳＰＤＣに改称）メンバーの内、士官学校を卒業した軍人が21人の中でわずか４人という有様である。このことは、ＮＬＤのアウンサンスーチーなど多くの大卒者を擁する集団との交渉と対話を拒否する理由の一つとも言われていた。すなわち、学歴が交渉と対話に関して軍政側が不利だとみていたことにある。

タンシェエ

その一方で、国軍の兵力増強と武器などの装備の充実は確実に図られていた。陸軍の兵力をみても、1988年の民主化運動が活発となった時点でも約20万人を擁していたが、10年後の1998年には45万人と2倍以上となっている。武器購入も進み、戦車やジェット戦闘機などの最新鋭の武器が購入され、軍事費は国家予算の4割から5割に達するといわれた。それらは、少数民族との内乱鎮圧に使用されたのみならず、国内の治安維持のためにも役立たせることが考慮されていた。そのことは、ビルマ国軍の特徴である、対外的な防衛のためというよりも、「国家法秩序回復」を名目とした軍隊であることを示唆している。こうした武力の増強によって、軍事政権に対する市民の政治活動や学生運動などへの弾圧が繰り返されていったのである。

ミャンマー国内の軍と民主化運動との対立の中で、アウンサンスーチーに対する軍政の妨害はさらに繰り返された。2000年9月、軍はマンダレーへ遊説に向かおうとしていた彼女をヤンゴン中央駅で拘束し、二度目の自宅軟禁に処している。この時は、国連の仲介もあって、自宅にてではあるが軍政側の高官との相互の意見交換が行われるなど、一定の進歩が見られている。

しかし、ようやく2002年に二度目の解放が許されたものの、翌2003年5月30日、スーチーはモンユワ（モニワ）にての集会後、ディベーインという町で軍政の翼賛団体（USDA）に襲撃される。彼女は、幸いにしてこの暗殺事件ともいえる窮地から脱出したものの、再度軍によって拘束されてしまう。この襲撃事件の背景に、軍の上層部が拘わっていたことは、襲撃側から一人も逮捕者が出ていないことからも明らかである。そして、再び三度目の自宅軟禁処分を受けることになり、２０１０年11月13日に解放されるまでの約7年6カ月、彼女は長期間の政治活動を実質的に停止させられてしまったのである。

この間、タンシュエ議長の軍政は、２００６年に首都をヤンゴン(旧ラングーン)からネピドー(ネイピードー、「太陽の御国」を表す「王都」の意味)へと移転を強行している。

２００７年3月27日、その日は、国軍記念日にあたり、同時に大規模な軍事パレードが実施された。国軍記念日は、アウンサン将軍たちが、１９４５年に対日武装闘争を開始した日を記念したもので、ビルマ国民そして何よりもビルマ国軍にとって記念すべき日となっていた。その一方では、燃料費の高騰などによる民衆の苦しみに同情した僧侶たちを中心として、市民による反政府デモがヤンゴンなど全国各地で発生していた。これに対して、国軍は実弾射撃などで鎮圧し、数十人の死亡と千人以上の逮捕者を出すという弾圧をくりかえした。この事件によって、日本人ジャーナリストの長井健司氏が国軍兵士の狙撃で亡くなっている。

翌２００８年5月には、記録的なサイクロンによって14万人の死者・行方不明者という多数の被災者を出す中で、新憲法を承認するための国民投票が実施された。驚くべきことに、この被災の中での投票率は98%、賛成票が92%を超えるという数字で憲法が承認されたことである。これは、明らかに軍による投票の操作が行われたことは疑いようがない。これが

「2008年憲法」といわれる、軍事政権を磐石なものとしてその支配力を強固にするために実施された憲法制定の実態なのである。

「2008年憲法」は、正式名称「ミャンマー連邦共和国憲法」という。大統領を国家元首と定める共和制と、少数民族の限定的な自治を承認する連邦制を基本としている。国会は上下二院制で、民族代表院（上院）と人民代表院（下院）によって構成される。しかし、両院ともにその25％を軍事政権（国軍）が軍人を指名することができる「軍指定席」が規定されているため、残りの75％を選挙で選出する仕組みとなっている。そして、憲法改正には、国会議員の4分の3以上（プラス1）の賛成を規定（第436条）して、事実上、改正には軍の25％の反対があれば成立しない仕組みになっている。さらに重要な事であるが、正副大統領は共に議会にて選出されるのであるが、その資格条項に「軍事面に通じていること」、そして、わざわざ「家族に外国籍の者がいないこと」を資格とする規定（第59条F項）していることである。これは、明らかにアウンサンスーチーに対する大統領職への資格がないことを法的に規定した条項であることは間違いない。また、重要閣僚ポストである国防大臣、内務大臣、国境担当大臣については、国軍総司令官が任命すると規定されている。この規定からも分かるように、国家統治の立場から国軍による重要3閣僚を操作して、軍による支配が自由に行えるようにしているのである。さらに、この「2008年憲法」の条項には、国内外の非常事態に際して、大統領が全権を国軍総司令官に委譲することができるという規定により、合法的に軍事クーデターが実施できるという内容となっているのであった。まさに、「軍による軍のための憲法」なのである。

その後も、アウンサンスーチーの自宅軟禁は続くが、それはこの新憲法に基づいて実施される総選挙にて、軍政側が勝利するための充分な準備期間を必要としていたからである。

(3) アウンサンスーチーの政治思想とその政権

２０１０年3月、軍政は総選挙に向けての選挙関連法を制定していく。それらは、実質的なアウンサンスーチーと国民民主連盟（ＮＬＤ）の活動を押さえ込むことが主眼であった。スーチーを自宅軟禁の状態におきながら11月、タンシュエの軍政は１９９０年以来20年ぶりの総選挙を実施した。ＮＬＤは、選挙の不当性を訴えて選挙をボイコットする手段で対抗するが、それが原因で一部の党員が離党して新政党を結成したのち選挙に参加した。選挙結果は、軍政の選挙準備が功を奏して軍政系統の連邦団結発展党（ＵＳＤＳ）が圧勝して政権を獲得する。その年（２０１０年）の11月13日、アウンサンスーチーが三度目の自宅軟禁から解放された時、選挙はすでに終了していた。彼女の解放は、軍政側の勝利という選挙結果から導きだされたものである。

軍政は、２０１１年1月31日、総選挙後に上下両院の連邦議会を召集した。そして2月、憲法の規定にしたがってナンバー4であったテインセインを新大統領に、そして副大統領の一人にも軍人ナンバー2のマウンエーを選出している。また、下院（人民代表院）議長には軍ナンバー3のシュエマンを選出している。さらに、全閣僚33人（すべて男性）中の27人が退役軍人であり、上下両院議員の25%を軍人に割り当てていた。残りの75%を総選挙で選出された議員で構成するものの、NLDが選挙をボイコットしたため6割以上が軍出身者など、何らかの形で軍関係者によって占められていた。

3月30日、軍は自らの軍事政権（国家平和発展評議会＝SPDC）を解散させ、テインセイン新大統領に国家元首の地位を与えて新政府を発足させた。表面上の「民政移管」である。したがって、その政治実態は軍事政権による新たな支配の始まりだと考えられていた。ところが、このテインセイン大統領の「民政」は、実質的に軍事政権でありながら、彼の政治にはこれまでの軍政にはみられなかった「民政」としての特質があった。その一つが、2011年8月、これまで軍政が意図的に忌避していたアウンサンスーチーとの直接会談を、自らの大統領執務室で実現させたことである。

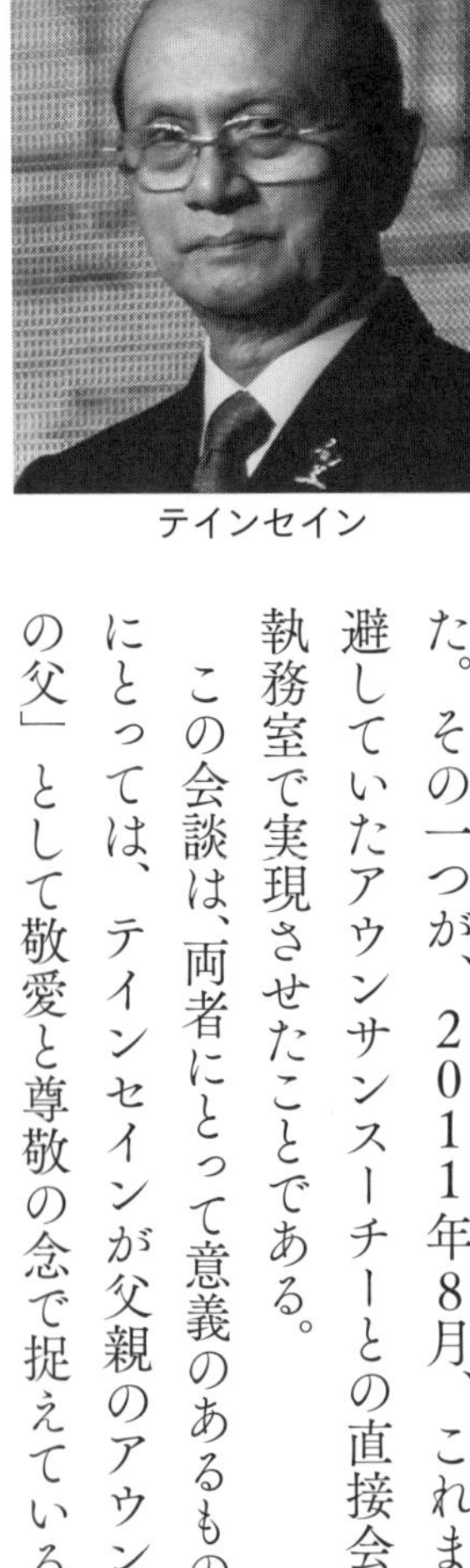
テインセイン

この会談は、両者にとって意義のあるものとなった。スーチーにとっては、テインセインが父親のアウンサンを「ビルマ建国の父」として敬愛と尊敬の念で捉えていることがわかったことである。さらに会談後に彼女が、テインセインは「本気で改革を進めようとしている」と述べた言葉の中に、今後の政治に一つの展望を見出していたことにある。一方のテインセインにとっては、「ビルマ建国の父」の娘であるアウンサンスーチーとの友好関係を見せることで、国民に対する自己の信頼を高める効果もあった。

その後、テインセインは「民政」政府としての一連の改革を進めている。スーチーとの会談から1カ月後、彼は国家人権委員会を立ち上げ、政治犯の解放に向けて動き出す。この政治犯解放はスーチーとＮＬＤが要求していたものであり、２０１１年10月と２０１２年１月の2回に分けて実施された。さらに、マスコミに対する事前検閲を緩和し、かなりの言論の自由が保障されるようになる。また、これまで選挙においてスーチーとＮＬＤ党員たちが立候補する際の障害となっていた選挙法の改定がなされたことで、彼らの選挙権が承認されたことは大きな変革であった。

さらに、テインセイン政権の特色の一つには経済改革に対する積極的な姿勢が見られた点である。そのために、彼は、意外にもアウンサンスーチーと親交が強くＮＬＤの経済ブレーンであった経済学者のウー・ミンを大統領顧問に採用したのである。テインセインにとって、かつての社会主義の経済体制からの完全な脱却を目標として、早急な資本主義体制としての経済改革を実行していくことが求められていたとも考えられる。彼には、健全な市場経済を確立することが喫緊の課題となっていたのである。そこで、政権は２０１１年半ばより、外貨獲得のために米などの農産物、木材加工品などの輸出に対する免税措置をとると同時に、自動車や精密機械などの輸入の規制を緩和していく。そのために、国内主要銀行に外貨の交換業務を容認するなどの措置もとり行っている。そして、何よりもミャンマー経済の問題とされていた二重為替状態を解決するために、政府公定レートを廃止して市場レートに基づく「管理変動相場制」へと転換させたことである。この措置によって、大きな差が生じていたミャンマーの通貨であるチャット（ビルマ通貨）と米ドルとの差が市場経済として正常な為替制度となった。

こうしたテインセインの経済改革は、かつての軍事政権時代の経済から大きく変化していく。たとえば、これまで中国一辺倒であった外交政策の見直しを図っていることである。それゆえに、彼は中国によるミンソンダムの水力発電計画（後に凍結）、鉱山開発、鉄道事業整備などの支援は、ミャンマーを中国の属国にする危機があると考え、それに代わって日本や欧米との協力関係をしだいに強めていく。2011年の11月からの米国クリントン国務長官のミャンマー訪問は、そのことを立証するものであった。そして、以後日本を含む欧米の外国企業の進出が加速していった。2013年5月には、日本から安倍首相も訪問してテインセインと会談している。オバマ米国大統領がミャンマーを訪問したのは2014年11月である。同時に、アウンサンスーチーとも共同会見している。

彼のこうした改革の背景には、軍事政権下において見られた非民主的な政治に対する国際的な批判、そして何よりも「ビルマ式社会主義」体制によって疲弊した経済力の低下という現実的な問題が存在していた。そのために、国民の貧困は軍事政権の失政にあったことを認めた上で、この現状を考慮して、経済を回復させていくために新しい政治と経済の変革が求められていたのである。彼は、その実情から大統領としてのやるべき事項を真剣に考えて行動していったことが推測できる。

そうした中で、政治改革の方面でも大きな変化がみられた。政治犯の解放や選挙法の改正が行われたのである。それにより、２０１２年４月１日の補欠選挙は、民主化運動にとって画期的な選挙となった。この選挙で、対象となった国政（上下両院）の43選挙区（小選挙区制）において、アウンサンスーチーも党首として他の国民民主連盟（ＮＬＤ）の候補とともに立候補していくことが可能になったのである。そしてＮＬＤは、全選挙区に候補者を立ててたたかった。結果は、42人の当選者を出すという圧勝であった。また、地方議会２選挙区でも全員が当選した。アウンサンスーチー自身も、ヤンゴンの下院選挙区で85パーセント強の得票を得て当選している。こうして、彼女は自宅軟禁期間が計15年２カ月、約５５２０日という長期にわたる拘束から解放され、いよいよその政治活動を本格的に開始していくのであった。

そして、ついに２０１５年11月８日の総選挙ではＮＬＤが圧勝し、翌年の２０１６年３月30日にアウンサンスーチーが率いるＮＬＤ政権が誕生するのである。ここにおいて、テインセインの「民政」は終了したが、依然としてミンアウンフラインを国軍総司令官とする国軍約

40万人の存在があった。彼は同年に60歳となり定年を迎えるのであるが、5月の記者会見で引き続き国軍トップの座に居座る意向を明言している。その理由を、「軍人は状況に応じて60歳を超えても任務を負い続けられる」と説明した。さらに、次の総選挙について、「2020年に状況を見極めたうえで、政界に入るかどうか決めたい」と語り、次なる軍事政権を見据える自分の政治的野心を隠していない（永井他編著、2016年）。

NDL Supporters@votenld・2015年9月21日

ミンアウンフラインのその言葉は、2021年2月1日、彼が主導する軍事クーデターによって、国家顧問であるアウンサンスーチーたち閣僚を拘束して現実のものとなった。彼は当時発言したように、軍政を再度開始したのである。次の総選挙が、スーチーたちNLDの勝利となることは明らかであることを察知し、その前にクーデターを実行したのである。すなわち、今回のクーデターは、すでにその時決意されていたとみてよい。

2015年の総選挙によって政権を獲得したアウンサンスーチーは、「2008年憲法」によって大統領職に就くことはできなかったので、ティンチョーを大統領として、自らは「国家顧問」という大統領の上に位置する役職を設けて就任し、併せて外務大臣と大統領府大臣を兼ねることとなった。この「国家顧問」は5年限定の時限立法ではあったが、正副大統領や各省庁に助言を与えることができ、実質的に国家元首なみの権限を有していた。スーチーは、この地位によって本格的に民主的な政治改革を推し進めていったのである。

しかし依然として国軍の勢力は強く、彼女たち国民民主連盟（ＮＬＤ）の民主的改革の実行の前に大きく立ちはだかり、改革は思うように進展しなかったのが実態である。彼女がめざす政治改革は、これまで対立を深めていた国民（民衆）と国軍との関係、さらには国内の大きな問題である各民族間の対立を修復して、それぞれの「国民的和解」によって「民主的な国家」をつくりあげていくことにあった。「そのためになすべきことは何か」、そして「取り組むべきことは何か」、それが彼女の今後の果たすべき政治的課題であった。

その課題が何であるかを考慮する場合の参考例として、アウンサンスーチーたちＮＬＤが選挙公約として国民に提示した内容が参考となる。まず、２０１２年4月の補欠選挙において、彼女は、政見放送において「今の憲法は民主主義の規範に合わない」と述べて三つの公約を訴えている。それは、「法の支配の確立」「国内和平の実現」、そして「２００８年憲法の改正」であった。さらに、２０１５年の総選挙におけるＮＬＤのマニフェストは、「1、少数民族問題と国内和平」「2、全民族すべての国民が平和に安心して共存することを保障する憲法の実現」としている。これらのことから、スーチーとＮＬＤの政治改革の方向性と課題がみてとれる。それは、大きく二つに定められる。一つは、国内の和平問題であり、二つは憲法の民主的な改正の問題であると考える。

まず一つ目の課題は、国内の和平問題をどのようにして解決するかということである。その実現のために先ず取り組まねばならないことが、国軍との和解であった。長期に渡り対立してきた国軍と和解することによって、その力をビルマ国家発展のために向けさせることにあった。国軍のアウンサンスーチー政権に対する「信頼」の土壌を築き上げ、その国内最大の力を有効に活用していくことが求められていた。だがそこには大きな困難があった。なぜなら、そこには国軍の伝統としての責務と義務が立ちはだかっていたからである。繰り返しになるが、それはアウンサン将軍たちがつくりあげた「ビルマ独立義勇軍」創設時の意図である。それは、イギリスと日本による植民地と占領地からの解放を、軍事力によって独立を戦い取るとしていた彼らの意志である。それは大きな国内問題であり、占領者たちを打ち破ることで独立を実現し、国民の幸福を実現するという軍事的使命感があった。

さらには、その伝統を受け継ぎながら、1988年の軍事クーデター後にみられるように、「国家法秩序回復評議会」（SKORC）を設置して、国内の「法秩序回復」を目標に国家を危機に陥れる者、そして団体は排除・弾圧するという、社会秩序の安定による軍事行動の正当化である。いかなる理由が存在していようとも、国内の治安を安定化することが軍に課せられた責任と義務だとする認識である。したがって、そのような使命を有する国軍は、主権の保持者としてその使命を果たす行動をするのだと自覚していたと考えられる。そのため政権を手渡すということは、正当なる主権を放棄することに外ならないという、強い危機感を持っているのである。このような国軍が有している思想（哲学）を、無視することはできない。

しかし、アウンサンスーチーは、これに反して軍の存在は国家機関の一つとして外敵からの国防に専念することこそがその使命だと考えていた。それは、一般的な近代社会における軍の在り方を示している。ただし、彼女は軍事政権を批判することはあっても、父アウンサンが創建したビルマ国軍の源流である「ビルマ独立義勇軍」の存在は認めていたという点である。その存在こそが、ビルマを独立させた最大の功績であると認識していたのであった。したがって、現在の国軍の存在についても常に尊敬する姿勢を持ち続けていたことが考えられる。

この国軍に付随する問題として、少し述べておかねばならないのは教育問題である。軍事政権時代、国軍の強化に重点が置かれていた関係もあり、初等・中等の公教育という基本教育への投資が少なく、ミャンマーでは教員養成や学校施設の遅れから学力の向上が進んでいなかった。また、厳しい落第制度で学校教育から排除された子どもたち、そして貧困ゆえに学校へいけない子どもたちの問題があった。他方、大学などの高等教育は、学生たちの民主化運動への参加により、国軍はその非政治化を徹底させていた。そのため、大学の封鎖や閉校が続き、教育内容と学生の質の低下が問題となっていた。一方で、富裕層はその子弟を軍関係の学校、私立学校や国外の学校へ入学させることで、将来のビルマ社会における人材育成を実施していた。このように、軍事政権下では教育の二極化が進んでいたのである。アウンサンスーチー政権は、この不平等な教育の構造を改革して、少数民族を含む平等な教育システムを全国的に構築していくことも喫緊の課題としていた。

国内和平のための次の課題は、国軍と少数民族との内戦状態をいかにして鎮静化し終結させるかである。「2008年憲法」の施行後、17の武装組織との間には停戦協定が結ばれていた。しかし、その内容に反発する組織が停戦を破棄して、再び戦闘状態に入っている。また、それらの組織の中には、民主化運動で国軍に弾圧されたために、少数民族の住む村に逃げ込んだ学生や市民が共に戦っているという難しい問題もあった。しかし、何よりもミャンマーにおいて多数をしめるビルマ族と周辺部の少数民族との長きにわたる対立は、早期に解決して和解しなければならなかった。その解決のために、アウンサンスーチー政権は政権樹立直後の8月、父親アウンサンがかつて開いた民族和解を推進するための「パンロン協定」を想定し、同様に国民和解を掲げて「21世紀パンロン会議」を開催、そこでは国軍と少数民族の武装勢力が一同に会して話し合いを持つことができた。しかしながら、すぐにこの問題を解決することの困難さもあり、引き続き「会議」を開催して国内和平をめざすこととした。このことは課題解決への一歩前進である。しかし2021年の現在に至るまで、根本的な解決策が見出されず対立は今も続いている。

この少数民族対策の中で、さらに問題となっている一つが「ロヒンギャ（Rohingya）」への対策である。彼らは、隣国バングラディシュに隣接するビルマ南西部ラカイン州に住んでおり、多くがムスリム（イスラム）教系の人たちであった。仏教徒が多数を占めるビルマにおいて、軍事政権は、国籍法をたてにして彼らをビルマ国民として公認せず、「不法移民」あるいは「無国籍」の少数民族だとしてとらえていた。そのためミャンマー国民の間にロヒンギャに対する排他的な感情が広がり、長い歴史の中で多くの対立があった。彼らは、戦前のイギリスによるインドとビルマ両国の植民地政策の中で、当初はインド人という外国人としてビルマに入国してきた歴史をもつ。しかし、ビルマ国民にとっては大量の外国人がビルマに入ってきたために、経済的にビルマ人の職や生活を侵害した民族あるいは言語や宗教の違いという文化的な苦痛を与えられたという認識が強く存在していた。それは、ビルマ・ナショナリズムからくる排他性といえよう。そのビルマ社会に普遍的なものとして受け入れられている他民族への排他性という国民感情が、思わぬところでアウンサンスーチー自身に降りかかってきたことになる。

アウンサンスーチーが下院議員に当選した年の２０１２年６月、ロヒンギャに対する大規模な迫害が発生する。彼女は、即座に暴力行為を禁止するために、１９８２年に制定された国籍法の、差別的な「国民」の定義を定めている条項の見直しを政府に提言した。ところが、彼女のこの行動に対して、「スーチーは、ロヒンギャの肩をもっている」という激しい抗議が国内外で起こったのである。特に、国軍の残虐なロヒンギャ弾圧に対し、彼女が政治的な対処をしないとの理由で国際的にも大きな非難がなされていた。中には、ノーベル平和賞の取り消し

について の意見も出てきたほどである。こうしたロヒンギャ問題の解決において、彼女が提唱した国軍によるロヒンギャ弾圧を禁止するという政治活動を妨害していたのは、それに反対する国軍自らであっただと推測することができる。このように彼女の多岐にわたる政治・経済・文化面における民主化運動としての活動は、その多くが国軍の力によって押さえ込まれていたというのが、ミャンマーにおける政治の実態ともいえる。それは、特に国軍が政治的にも経済的にも不利益をこうむる場合に顕著に現れていたのであった。

しかしロヒンギャに対する国軍の弾圧は繰り返され、多くの人々が難民となって隣国のバングラデシュへと流出していった。その数は70万から100万人にのぼるといわれている。そして、2017年8月25日には、ラカイン州のシットウェ県ラティダウン郡に散在する村々に対して、「アラカン・ロヒンギャ救世軍」（ARSA）がミャンマー国軍基地などに対して攻撃した報復として、国軍による大々的な反撃が開始された。事件当時の国軍総司令官はミンアウンフラインであり、直接の指揮を執ったのは副司令官ソーウィンである。その武力弾圧は10月まで続き、それは「民族浄化」ともいえる大虐殺となった。国連の調査団報告によれば、国軍の無差別の銃撃によって、各村において幼い子ども、女性、老人を含む村人が数百人単位で殺害され、そして焼き払われたといわれている。その実数は不明であるが、調査団は、国際法上の重大事件（ジェノサイド=集団殺害、人道に対する罪、戦争犯罪）が行われたと断定している。

この虐殺事件に対して、アウンサンスーチーは当初沈黙していたが、9月19日に首都ネピドーで演説し、「すべての人権侵害と違法な暴力を避難する」との声明を出した。その一方で、声明は「救世軍」をテロ集団と呼び、治安部隊（国軍）の行動は規範を順守していたとの発言もある。それは、一つには、国家顧問である彼女への、意図的な国軍側による偏った報告の結果によるものと思われる。そして二つは、矛盾するが、スーチー自身の国軍に対するある意味における「敬意」としての表現ともいえる。すなわち、彼女は父アウンサンが創設した国軍に対する「敬意」を常に意識のどこかに持っていたと考えられるからである。それでも最後に、彼女は「私たちはミャンマーを宗教上の信仰、民族性、政治的イデオロギーで分断された国にしたくない。私たちは全員、多様なアイデンティティを有する権利、自分たちが信じるやり方で人生を全うする権利を持っている」（中坪、２０１９年）との演説で締めくくっている。それは、アウンサンスーチーという一人の民主化を目指す指導者としての偽らざる言葉であったと信じる。ただし、その思いは、国軍の力の大きさを前にして、実際に実行していくに際しての大きな障害となり、今後の政局においても困難が待ち受けていることを示唆する事件となった。

二つ目の大きな課題は、このロヒンギャ事件とも関連することであるが、憲法の民主的な改革を実現することである。既述したように、現在の「２００８年憲法」は、国軍の軍事政権が憲法上で大きな権利を獲得し、アウンサンスーチーらＮＬＤならびに国民の権利を不十分なものとして規定していた。軍政が、憲法によって保障されている有利な体制を変革しなければ、ミャンマー国内における民主的な政治改革を実現していくことは不可能であった。軍政の大きな力を抑えこみ、何としてもミャンマーが抱える困難な課題を解決していくためには、現行憲法を国民の立場に立った民主的な憲法に変えていかなければならなかった。このことは、まさに喫緊の課題であった。しかし、アウンサンスーチー政権のこうした思惑は、それを阻止しようとした国軍によるクーデターによって頓挫させられていった。それが、2021年2月1日の出来事である。

第6章

日本政府のODA援助・日本企業のビジネス進出と国軍の関わり

（1）日本政府と国軍との政治的関係

戦前の一時期、日本はビルマを占領し支配してきたことは事実である。ここでは、戦後において、日本がどのようにビルマの国と人々に関わってきたのかを検討していきたい。大きくは、政治的な関わりであり、そして経済的な関わりである。

1948年1月4日、ビルマはイギリスの統治から完全に独立し、共和制の連邦国家として出発している。それゆえ、日本とビルマの両国はかつての占領国と被占領国という敵対的関係を打破して、あらたな友好関係を構築していかねばならなかった。だが戦後の国際情勢は、即座にそのような展開ができる状況にはなかった。最初の関係は、ビルマからの米の輸入において開始される。敗戦後、日本は戦災による被害と米の供給地であった朝鮮と台湾の植民地を失ったことで、深刻な食糧の危機に瀕していた。それを救ったのが、かつての占領国ビルマであった。独立後の1949年、ビルマは七万トンの米を日本へ輸出した。さらに、翌年には戦前の日本向け輸出量を上回る17万トンが送られてきた。

しかし、当時のビルマは、1951年9月のサンフランシスコ対日講和会議が、欧米の西側陣営による講和だとして不参加の態度をとっていた。それは、当時のウー・ヌ政権が、厳格な中立外交政策を外交の基本としていたことによる。したがって、日本との戦争終結宣言は1952年4月にようやく締結されるという状況であった。このような政治状況において、

（定訳）

日本国とビルマ連邦との間の賠償及び経済協力に関する協定

昭和二九年一一月　五　日ラングーンで署名
昭和三〇年　四　月一二日承認の内閣決定
昭和三〇年　四　月一六日東京で承認通知書交換
昭和三〇年　四　月一六日効力発生
昭和三〇年　四　月一六日公布（条約第四号）

日本国及びビルマ連邦は、
千九百五十四年十一月五日にラングーンで署名された日本国とビルマ連邦との間の平和条約（以下「条約」という。）第五条１(a)の規定の実施に関する協定を締結することを希望し、
よつて、このためそれぞれの代表者を任命した。これらの代表者は、次のとおり協定した。

第一条

１　日本国は、年平均二千万アメリカ合衆国ドルに等しい七十二億円の価値を有する日本人の役務及び日

ビルマ　賠償及び経済協力に関する協定

本国の生産物を、条約の効力発生の日から十年間、賠償としてビルマ連邦に供与するものとする。

２　日本国は、年平均五百万アメリカ合衆国ドルに等しい十八億円の価値に達する日本人の役務及び日本国の生産物を、条約の効力発生の日から十年間、日本人とビルマ連邦の政府又は国民との共同事業の形式で使用に供することにより行われる経済協力を容易にするため、あらゆる可能な措置を執るものとする。

３　１及び２にいう役務及び生産物は、この協定の附属書に掲げられ、かつ、原則として同意されたビルマ連邦の経済の回復及び発展並びに社会福祉の増進のため供与し、又は使用に供するものとする。供与され又は使用に供される役務及び生産物は、両政府の合意により決定されるものとする。

第二条

日本とビルマの賠償・経済協力協定（1954年）

日本への米の輸出を認めていたのは、戦前において「30人の志士」を訓練した旧南機関要員たちなど多くの民間団体の関与があったとされている。その後もビルマからの米輸出は続き、一時期は30万トンに至ったが、日本の農業生産の回復によって1968年で終了している。

次に日本政府のとるべき問題は、ビルマの戦争被害に対する日本による補償問題であった。国交樹立後の1952年から交渉がはじまり、1954年、ようやく吉田茂内閣との間に「日緬賠償・経済協力協定」が締結された。その内容は、1955年からの10年間で総額2億ドル（72億円）の生産物と役務の無償提供と、それに加えて計5千万ドル（18億円）の経済協力を行うというものであった。その結果、ビルマが日本の最初の賠償締結国となったのである。ただし、この額は当時の一般的な世界の補償額としては極めて低額であり、これが東南アジア諸国への賠償基準となったことで、後に多くの問題が生じてくる。ここからわかるように、日本の戦後賠償は、本来の「償う」という意味ではなく、当時の吉田茂首相発言にみられるように、経済的な先行投資としての性格を有していたのである。すなわち、賠償金として支払うのではなく、生産物と労役という労働力で実施するする方法が、実質的に日本企業の東南アジア投資を促進する役割を果たしたといわれるゆえんである（永井浩他、2016年）。吉田首相のめざす日本の政治外交路線は経済中心主義路線であり、安全と繁栄を国家目標とする経済国家を実現することにあった。

日本政府がとった態度は、占領期、多くのビルマ国と国民に与えた賠償としては、日本側の利益を考慮したもので極めて不誠実なものであった。当然のように、その後、ビルマ政府側からの賠償額引き上げが提議されている。日本政府は、池田勇人内閣の１９６３年に、「経済技術協力協定」の名前で新たな補償を「準賠償」として実行している。しかし、それは「準賠償」という名称そのものに表明されているように本気度が示されていない。日本政府のビルマ外交は、このような賠償問題を経て、その後の協力関係はＯＤＡを通じて実施されていくこととなる。その時期、日本は朝鮮戦争の特需景気のあとから、高度経済成長の段階に入っていた。

ＯＤＡ（Official Development Assistance）とは、政府開発援助のことで、政府（政府機関）によって開発途上国の経済開発や福祉向上への寄与を目的として供与される資金のことをいう。日本のＯＤＡは、二国間ならびに国際機関に対する出資・拠出の二つであるが、その資金配分はおよそ7対3の割合である。二国間ＯＤＡは、贈与としての無償資金協力ならびに将来を担う人材育成と技術向上のための技術協力がある。日本のＯＤＡの特色としては、アメリカやフランスなどが贈与を基本とする形態なのに対して、政府貸与（借款）形態が多いことである。その内容はインフラ（産業基盤や生活関連に対する社会資本）への支援が中心であること、そして東アジア諸国への傾斜が強かったことである。そもそもＯＤＡの理念は、人道的支援、環境保全、平和国家、自助努力の支援などであるが、日本のＯＤＡはアジア重視を基本に「自助努力」と「要請主義」を核としていた。

このＯＤＡ援助は、ビルマにとって大きな経済的支援となったのは確かである。なぜなら、1962年の軍事クーデター以後、ビルマ社会主義計画党（ＢＳＰＰ）のいわゆる「ビルマ式社会主義経済」が開始されていたが、経済状況は好転せずに低下していた時期に相当していたからである。日本政府は、1968年から、先ず「円借款」の形で支援を開始していく。それは、これまでのような無償の賠償ではなく、円建ての低金利でビルマに融資するという有償資金協力であった。その後、政府は返済不要の無償資金協力に移行してから、最終的にＯＤＡ事業として多額の供与を行っていったのである。

日本のＯＤＡの規模は、1973年にイギリス、83年にドイツ、84年にフランス、89年にはアメリカを抜いて2000年までの間、世界最大の援助供与国となっていく。その供与額は、90年代を通じてＯＤＡ総額の約2割を占めていた。さらに、80年代は一定の期間に倍増し、90年代には他国並みの平均額としていく。ビルマにおいてもその関係で、その総額は1980年から1988年までに517億ドルにのぼり、世界の中では通算して第7番目に多かった。また、日本との二国間援助の総額では最大の供与国となっていた。いかに日本の援助・支援というものが、ビルマ軍事政権の経済を支え、その力を誇示することが可能となっていたかである。その意味で、日本政府による多大なＯＤＡは、他の諸国から「垂れ流し援助」であるとして批判されていた。しかし、日本は、1976年にすべての戦後賠償を完了した時点で、ＯＤＡ供与による方法で支援を継続していくことになる。

ただし、ビルマにおいての問題は、そのＯＤＡ供与が軍事政権によってどのように使用されたのかが不明なことであった。その事実を知り自覚した国民の中には、日本政府によるＯＤＡ供与を停止するように望む者もいた。なぜなら、そのＯＤＡ支援が軍事政権を強固にするために使用され、国民生活を向上させるための経済援助として使用されていないことを、自らの苦しい生活状況によって感じとっていたからである。さらに、その支援が国軍を一層強化して、民主化運動を弾圧するための手段として使用されていることも薄々と知り得ていたからである。それが、日本政府によるビルマの軍事政権への支援の実態であった。

その一方で、アメリカやＥＵ（ヨーロッパ連合）などは、軍事政権の政治手法に対して、日本とは異なり、国民の人権を抑圧し民主化運動を弾圧する政権であると批判し、貿易などの経済制裁によって対決姿勢を見せている。こうした西側諸国の動きの中で、日本政府もやむを得ず対ミャンマー政策の方向転換を迫られていった。そこで軍事政権側に対して、日本政府のＯＤＡ資金等の支援を、アウンサンスーチーやＮＬＤさらには国民などへの人権尊重に配慮する民主化政策、そして経済政策を基本とする財源に差し向けるように要請している。特に、２００３年に発生したスーチー一行への襲撃事件（ディペーイン事件）や２００７年の反軍政デモに対する激しい弾圧事件の後では、ＯＤＡの一部を中止するなどの強い対処を行っている。

とはいえども、日本政府の軍事政権との関係は欧米諸国に比べればかなり緊密なものであり、依然として国際的な批判を受けるという状況にあった。例えば、1988年の学生・市民による反軍政の運動を弾圧した直後、日本政府は一旦ODAを中断したものの、1988年から1996年まで年間600万ドルから4000万ドル以上の貸付金を供与していた。さらに、軍政に対して、円借款のうち1990年から1999年の約10年間で700億円の返済を免除し続けていたのである。

しかし、日本政府と同様に、ミャンマーの経済を支援していったのは隣国の中国であった。その理由として、ビルマの豊かな地下資源の獲得、そしてミャンマーを通じてインド洋へと抜け出る輸送路の獲得という地勢上の戦略があったことが考えられる。また、インドや東南アジア諸国連合（ASEAN）などが、地理的な関係上からミャンマー一国の孤立化を防ぐために好意的な外交関係を結んでいた。ちなみに、ミャンマーがASEANに加入を承認されたのは、1997年7月からである。

日本政府が、対ミャンマー政策を大きく転換させていくのは、2011年の「民政移管」以後である。国軍の力を背景として誕生したテインセイン政権ではあったが、彼は世界が予想していた政治とは異なり、民主的な改革を順次推進していったのである。日本政府は、それに対して全面的な支援体制を約束する。具体的には、ミャンマーが抱えていた5千億円以上にのぼる対日債務の全額免除と軍事政権の時代に減額していたODAの援助を本格的に再開したのである。さらに、円借款による港湾や工場団地の整備をはじめとして、第一次・第二次産業である農業、商工業の振興、さらには教育や法の整備などに対して多面的な支援を実施していく。それと関連して、日本の民間企業の進出も進んでいく。特にＯＤＡとの共同開発であるティラワ経済特区の工業団地開発を中心として、金融、証券、通信事業など大企業が参画していった。日本政府は、この開発を開発途上国のインフラ支援のモデルケースであると位置付けているが、地元の開発地域では強制的に立ち退きを強いられた住民の反発が起こっている。そして、開発によって、農地や生活手段を失うという大きな被害が出てきたために、住民側がミャンマー政府などに異議申し立てを行っていたという事実がある。

２０１３年5月25日付「毎日新聞」は、安倍晋三首相自らが、日本を代表する重機械工業、重電気工業、石油関連工業そして商事関連会社など43の大企業（人員１１７名）を引率して、トップセールスを実施したことを報じている。安倍首相は、現地の経済セミナーにて「ティラワ開発は、日本とミャンマーとの協力の象徴であり、ミャンマーにおける雇用創出の起爆剤です」と賛辞と支援の挨拶をしている。

この「ティラワ開発」とは、ティラワ経済特別区開発事業のことで、ヤンゴンの南方20キロメートルにあるティラワ地区における総合開発をいう。新聞は「ヤンゴン郊外に工業団地の造成、商業施設なども建設して主に日本企業を誘致する。日本側は経済産業省と三菱商事・丸紅・住友商事の三商社の企業連合が参画。…（中略）…日本政府が既に表明したミャンマーへの政府開発援助（ＯＤＡ）５００億円のうち２００億円を特区のインフラ整備に投入」と報道している。さらに、安倍首相はテインセイン大統領との首脳会談において、総額910億円の追加ODAを2013年末までに供与することを表明し、電力などのインフラ整備を支援する方針を表明、また延滞債務の5000億円の免除を決定した。その後2014年11月の新聞によれば、それら一連の日本企業から、多額の献金が自民党の外郭団体に支出されているとの報道がされている。このことから、ミャンマー経済の支援にからむ政財界の癒着が指摘されることは当然ともいえた。

同日の夕刻、安倍首相は、野党国民民主連盟（NLD）党首であったアウンサンスーチーとも会談して、インフラや法制度整備に関する協力を約束している。それに対して、彼女は「日本企業の投資は、両国に利益がないといけない。長続きする関係が必要だ」（同「毎日新聞」）と答えている。日本の政治事情にも詳しい彼女にとって、自己の利益の拡大を最大の最終目的とする日本企業の狙いに釘を刺している。その後の日本政府の対応は、実質的に軍事政権よりであって、NLDとの交渉は少なかったのが事実である。日本国内には、「日本・ミャンマー友好議員連盟」という国会議員の団体や、政財界が主宰する「日本ミャンマー協会」が存在している。しかし、それらの活動実態も軍事政権とその周辺の組織に偏っており、アウンサンスーチーたちのNLDとの関係は薄いのが実態である。

さらに翌2014年9月、安倍首相は同様に日本の大企業関係者を引率して2回目のトップセールスを実施している。ついで、彼は隣国のバングラデシュとスリランカを訪問して、そこでも経済的支援とその見返りとして日本企業の進出を約束している。その上で、日本国内において懸案事項となっていた安全保障上の関係強化について協議した。その会談において、安倍首相は、持論である「積極的平和主義の考えを示し、集団的自衛権を容認する憲法解釈変更の閣議決定について説明」したと報道（「京都新聞」9月7日付）されている。そして、一行が帰国直後、日本の国連安全保障理事会非常任理事国入りが、アジア・太平洋の改選一枠を巡り、競合していたバングラデシュの立候補辞退によって確実な情勢となった（同・9月18日付「社説」）。さらに、それに関連して、同年5月26日にバングラデシュのハシナ首相来日時、彼女と安倍首相との会談にて、バングラデシュへの最大6千億円の経済支援が交わされる。そして、9月6日、ダッカにてハシナ首相がその見返りとして非常任理事国への立候補を取り下げたとの報道があった。その件について、日本政府関係者は「ジャパン・マネーが利いた特筆すべき成果だ」と率直に打ち明けている（同・9月22付）。

このことが事実だとすれば、日本政府の東南アジア諸国への直接支援あるいはＯＤＡなどの経済的支援というものの実態が明らかなものとなる。このような一連の外交政策は、アジアの発展途上国に対して、経済大国となった日本がその経済力を用いることで、自らの国益を優先するために支援しているという構図がみえてくる。それは、かつて日本が軍事力を背景としてアジア大陸を侵略し、自らの国益を拡大していった構図と重なる。そのことは、過去の歴史的事実を真摯に反省していないという、現在の政府ならびに日本企業の姿勢となっている。

したがって、ビルマ（ミャンマー）への支援もそのような思惑や姿勢で実施されているとすれば、あらためてそれを反省し真の外交支援を実施していくべきである。

そして、近年増加している日本人のミャンマー観光においても、戦前、日本軍がビルマを占領して現地の人々に多大な犠牲を負わせたこと、また、約20万人といわれる日本軍将兵が戦死したという事実を、心の片隅にでも置いて観光することも必要ではないかと考える。

日本政府と企業が政治的に対ミャンマー政策を大きく転換させていったのは、やはり2015年11月の総選挙において、国民民主連盟（NLD）が上下両院でともに圧勝して政権を獲得してからである。このことに関しては、次の経済的政策で関係づけながら述べていきたい。

(2) 日本政府・日本企業とビルマ（ミャンマー）との経済的関係

2016年現在、ミャンマーの一人当たり名目GDP（国内総生産）は1232ドルで、ASEAN諸国の中で最も低く、日本の約3%である。世界銀行における発展段階分類では、2014年に「低所得国」からようやく「下位中所得国」に昇格したのである。主要輸出品は天然ガス、農産物そして縫製品である。第一次産業と資源が経済の中心となっているが、今後の工業化が大いに期待されている。

日本とビルマ（ミャンマー）との経済的関係については、前述の政治的関係と重複するので、ここでは主として企業との関わりを述べていきたい。戦後における、日本とビルマとの国交回復は１９５２年４月の「戦争終結宣言」によって開始された。それ以前より、米を中心とする農産物の貿易が民間企業を通じて行われていたものの、貿易額としては大きなものではなかった。

戦前、イギリスの植民地支配の中で、ビルマ産業の中心は米を中心としたモノカルチャー（特定農産物の栽培）経済が基本であった。当時において、ビルマは世界最大の米輸出国であり、１９３４年にはその加工製品を含めて最大のおよそ３８０万トンに達している。戦後の独立以後、議会制民主主義政治の下で土地の国有化を推進したが、農民への土地の配分は不徹底であった。同時に、輸入製品を国産へと代替させるため工業化により、市場経済を推進させていく。しかし、それらは政府の思うようには進展していかなかった。

１９６２年の軍事クーデターによって、ビルマ式社会主義路線が敷かれ、農業を除いて企業の国有化が推進された。国軍関係の企業も多数にのぼる。これらはクローニー企業と呼ばれ、ミャンマー経済において最大の力をもっている。そして、「日本ミャンマー協会」を通じて、日本の政財界と利権によって深く結びついているとの疑惑もある。戦前の日本も、政府以外に「日緬協会」を通じてビルマとの交流が行われていた。その存在、役割、内容などについては相違点があるが、両国間を結びつけるという意味においては同質のものがあると考えることができるのではないだろうか。

以下、関満博『ミャンマー日本企業の最後のフロンティア』を基本の参考文献としながら、日本とミャンマーの経済関係を記していきたい。

こうした中、ビルマ工業省は自動車産業の企画を構想し、日本企業の協力を得ることで自動車産業を推進していった。そして、東洋工業（現マツダ）の技術協力による軽車輌、同じく日野自動車の技術協力による大型トラックの生産が共同で開始されていった。この時期、トヨタ自動車はタイとフィリピンにて地元企業との提携で生産を開始している。しかし、ビルマの社会主義体制は１９８８年まで続き、鎖国的な政治政策によって産業育成が進展していかなかった。そのためか、国営企業の自動車工場でのトラック生産は年産で約１０００台と不振であった。また、スズキ自動車も１９９８年にミャンマーとの合弁で自動車生産を開始するが、外貨調達に苦労して２０１０年に撤退している（再度、生産を開始するが）。隣国タイのように政治情勢が安定し、民主化と対外開放を進めていったのとは異なり、ミャンマーの政情不安定と鎖国性が大きな生産低下を招いていた。こうして、ビルマ式社会主義体制という軍事政権の下での産業は低迷していたのである。

すでに１９８８年の民主化運動の中でネ・ウィンの軍事独裁政治は終焉していた。そして、１９９０年の総選挙によってＮＬＤが圧勝した時から、軍事政権はその政治姿勢を転換していく。１９９２年、軍政のソオマウンがビルマ社会主義計画党（ＢＳＰＰ）議長を引退して、タンシュエ上級大将が就任する。１９９３年１月、タンシュエは軍政主導の制憲国民会議を開催して政治活動を開始していく。その後、日本企業とミャンマーとの交流はほとんど無い状態であった。

１９９４年６月、経団連はミャンマーへ50人の企業役員を初めて訪問させている。その理由として考えられるのは、軍政がこの頃からヤンゴンのような大都市以外での工業団地の開発を進め、鎖国的な経済体制を変換する姿勢に転じていたためでもある。そうした状況の中、１９９６年３月、全日本空輸（現ＡＮＡ）による関西国際空港とヤンゴンとを結ぶ直行便が就航する（２０００年３月休止）。11月には、ミャンマー日本商工会議所の開設、12月の日本貿易振興機構（ＪＥＴＲＯ）の開設と、日本を代表する組織が次々と事務所を開設している。

この１９９６年から１９９７年前半期を、日本の第一次投資ブームとして続ける中、全日本空輸が再度の直行便を開設し、日本航空（ＪＡＬ）はホテル経営に乗り出している。さらに、スズキ自動車がワゴンＲの生産のために再進出し、商社である三井物産がミンガラドン工業団地へ、そしてＹＫＫがマンション経営に進出している。だが、こうした日本企業の進出も、アメリカが軍事政権に対するＮＬＤや国民に対する非民主的な政治運営を非難して経済活動の制裁を発動した時から停滞していく。さらに、１９９７年７月からのタイに端を発した通貨危機によって、日本の投資ブームも一気に衰退していった。ここにも、日本のアメリカとの同盟関係を維持しなければならないという、極めて政治的な「配慮」が見受けられる。

その後、2011年にテインセイン大統領の下で「民政」が順次開始されていく。アウンサンスーチーとの会談やマスコミの報道規制を緩和するなど、これまでの経済規制を緩和していったのである。そして、一層の国外向けの開放政策を推進したことで、アメリカやEUなどの経済制裁も徐々に緩和されていった。その経済成長率は、2014年に8・2%、15年には7・5%という勢いで成長していく。そうした中、2012年4月、テインセイン大統領は日本を訪問し、ティラワ経済地区開発のマスタープラン作成の覚書を交わすに至った。その結果、日本政府はミャンマーに対する円借款を再開していくのである。10月には、オバマ米国大統領がミャンマーを訪問して、テインセイン大統領やアウンサンスーチーと会談を行っている。

2013年に入ると、日本政府は対ミャンマー政策を活発化していく。1月30日には、5024億円の延滞債権を解消し、そのうち3035億円を免除している。さらに円借款の26年振りの再開を決定した。翌2月、経団連は過去最大の140人にのぼる参加者で訪問団を派遣していく。そして、テインセイン大統領がアメリカを訪問してオバマ大統領と会談した後の5月、安倍首相が43の企業役員を引率してミャンマーを訪問するのである。おもに、ティラワ経済地区に関することが会談の中心議題となり、日本の積極的な支援が約束されていることはすでに記した。

しかし、2015年11月の総選挙によって、ミャンマーの政治情勢は大きく転換していった。

ＮＬＤの大勝利によって、アウンサンスーチー政権が誕生したからである。彼女は国家顧問となり、「21世紀パンロン会議」を開催して国軍代表と少数民族代表を一同に参集させ、国民和解と国内和平をめざすことを宣言した。そのように、国民和解のための民主化を進めていくものの、経済政策は思うように進展していない。新政権発足の初年度の経済成長率は、前政権のような高成長とはならず、２０１６年は５・２％に鈍化している。７～８％が期待されたにもかかわらず、結果はそれを１～２％下廻っていた。その一因は、農業部門の不振によるものであるが、テインセイン前政権による、莫大な開発途中の工業団地や工場の設備投資による負の部分を背負っていることも確かである。前政権の成長は、その経済の自由化もあるが、経済制裁の解除という国際環境の改善も一因していた。

そうした政権の経済的失政を見越すように、海外からの投資も減少傾向を示している。とはいえども、総額を見る限り、２０１１年から２０１４年の平均値と比較すると約２倍の水準を維持しているのが現実である。この経済のありようを打開するため、２０１６年９月、アウンサンスーチー国家顧問はアメリカを訪問しオバマ大統領と会談している。その結果、12月にアメリカによる経済制裁は全面的に解除された。また、２０１７年２月には、ティラワ経済特区のゾーンＢ（２２４ヘクタール）の開発もスタートしている。４月には、中国との間に石油パイプラインが稼動を開始するなど、少しずつではあるが新政権の下での経済状況は変化の兆しを見せていく。そして、12月には、アウンサンスーチー国家顧問が中国を訪問し、習近平国家主席と「中国・ミャンマー経済回廊」建設で合意したことで、今後のミャンマー経済の発展が期待されていた。

ミャンマーにおける、2000年度から2018年度にみるGDP（国内総生産）の産業別構成（名目値）を考察する時、明らかに農林水産業の第一次産業（約57%↓23%）から鉱工業、電力、建設という第二次産業（約10%↓36%）と運輸、通信、金融、商業、そしてサービス業といった第三次産業（約33%↓40%）へと大きく変化していることがわかる。したがって、日本企業の進出もこれに沿う形で進行していたことが予測できる。次に、どのような企業がいかなる理由で、進出し展開しているかを見ていきたい。

東アジア最後のフロンティア（未開拓地）といわれているミャンマーには、他の東アジア諸国とは異なる理由が存在している。それは、資本主義経済において企業が何よりも考慮する「低い労働賃金」「低い土地価格」など、ミャンマーには経済的利潤の増加が大いに期待できたことにある。さらに、ミャンマーはASEANの中で最も人口が多く、しかも平均年齢が29歳と若いことが要因となっている。それは、ミャンマー政府自らが市場経済化と対外開放を開始した時点で明確にしていた。読者の中には購入された衣類等に、「メイドイン・ミャンマー」と書かれた商品を目にされた方もあるのではないだろうか。ただし、ミャンマー国内における繊維縫製製品の工場約600社のうち、中国企業が約400社で3分の2を占め、日本企業は20数社というのが現状である。その他の進出理由として、日本国内の市場飽和ならびに消費量の減少傾向がみられることも関係しており、それを打開するための進出企業が多いと推測できる。それは、今後における少子高齢化社会に向かうであろう、日本産業の危機的構造を示唆するものである。それゆえに、最後のフロンティアといわれるミャンマーへの進出が加速しているとも考えられる。

問題となっていたティラワ経済特区はすでに稼動しており、そこを管理する組織であるＭＪＴＤの統計資料によれば、２０１９年６月現在、日本企業の進出は１０６件の多数に上っている。内訳をみると、ビルマ国内の市場型企業が64件、海外向けの輸出型企業が41件となっている。その国内市場型には、スズキ自動車、ヤクルト、即席めんのエースコックなどの消費財関係と、飲用スチール缶製造の東洋製罐、ダンボールの王子、そして鴻池運輸などの企業がある。ミャンマー全体ではキリンビール、日清食品などのほか、銀行、建設資材、重機、警備保障など多岐にわたる。

一方、日系企業の製造業において、明確に輸出型企業として進出しているのは、ハニーズ（縫製）、ロート製薬、フォスター電機（イヤホン、ヘッドホン）、ワコール（女性用下着）、ベルボン（カメラ用三脚）などがある。それらの内では、中国やベトナムから、高騰する賃金などの関係から進出してきた企業が多い。その他、今後に大きく事業展開していくことが予測できるのは、日本通運、阪急・阪神エクスプレス、上組などの流通・サービス業。旅行業ではＪＴＢ、ＨＩＳ。さらに自動車販売の三菱、ホンダ、日産、トヨタ、マツダなどがショールームの設置

ミャンマーの対日主要品目別輸出入〈通関ベース〉

（単位：100万ドル、%）

	輸出（FOB）					輸入（CIF）			
	2017年	2018年				2017年	2018年		
	金額	金額	構成比	伸び率		金額	金額	構成比	伸び率
衣類（布帛製品）	553	950	68.5	72.0	輸送機器	624	326	46.8	△47.8
衣類（ニット製品）	92	160	11.5	74.5	一般機械	147	115	16.5	△21.6
履物	102	105	7.5	2.4	電気機械	35	42	6.0	20.3
電気機械	18	34	2.5	89.2	鉄鋼製品	29	30	4.3	0.7
魚介類	27	25	1.8	△7.6	鉄鋼	22	28	4.0	28.1
食用の野菜・根など	20	16	1.1	△21.7	医療機器など	24	23	3.3	△5.0
ゴム製品	16	16	1.1	△0.0	紙製品	8	16	2.3	95.0
革製品	8	13	0.9	62.7	人造繊維の短繊維・織物	15	14	2.0	△9.3
採油用種および果実	15	10	0.7	△31.6	雑品	10	10	1.5	2.0
一般機械	7	10	0.7	51.0	プラスチック製品	24	10	1.5	△58.3
合計（その他含む）	903	1,388	100.0	53.7	合計（その他含む）	1,055	696	100.0	△34.0

〔出所〕グローバル・トレード・アトラス

ジェトロ世界貿易投資報告2018年版

等を含み幅広く展開している。現在、外資系の自動車メーカーの進出は5社6工場で、日本はスズキの2工場と日産の1工場である。トヨタは、２０１９年にティラワ経済特区内に新工場を設立するために進出している。日本以外の企業は、現代自動車、起亜細自動車、フォードが進出している。

　ミャンマーに進出する外資企業は、安価な労働力を活用する輸出企業よりも、内需の成長に期待して国内市場向けの企業が多くなっている。例えば、ティラワ経済特別区では、進出企業89社（２０１７年）のうち、輸出向け企業34社に対し国内市場向け製造業は54社となっている。しかし、将来的には輸送インフラが整備されることによって、輸出向け企業が増加すると見込まれている。

　次に、金融業の三井住友銀行、みずほ銀行、三菱東京ＵＦＪ。損害保険の三井住友海上、損保ジャパン日本興亜。警備のセコム、ＡＬＳＯＫ、大和総研。広告業の電通。建設関係では大林組、大成建設、鹿島建設、五洋建設など。そして、大手総合商社のほとんどがすでに進出を認可されている。このように、最後のフロンティアといわれるミャンマーには、いずれも日本を代表する大手企業が進出しているのである。そうした大企業のみならず、各種の中小企業の進出も展開されている。

最後に、日本とミャンマーとの貿易関係をみておきたい。ミャンマーの対日貿易の輸出額は、アメリカの経済解除が実施された２０１７～２０１８年度では第3位で9億５６００万ドルである。２０１８年の統計によれば、これはミャンマー全輸出額の６・４％に相当する。ちなみに、輸出先の第一位は中国の約57億ドル（構成比38・４％）、第二位がタイで28億４６００万ドル（構成比19・２％）となっている。日本への輸出品の内訳は、２０１８年度は、衣類（布帛（ふはく）＝織物）の9億５０００万ドル（構成比68・5％）が第一位、以下衣類（ニット製品）（11・5％）、履物（7・5％）の順で、電気機械、魚介類、野菜などがつづく（表参照）。

次に、日本からの輸入額をみると、その内訳は、第一位が輸送用機械（乗用車、トラック等）で3億２６００万ドル（構成比46・８％、２０００年10・５％）、第二位が一般機械（建設機械等）であるが、これは２０００年の構成比第一位（59・2％）から1億１５００万ドル（構成比16・５％）と減少している。第三位は電気機械の４２００万ドル（６・０％）、以下鉄鋼製品（４・３％）、鉄鋼（４・０％）、医療機器２３００万ドル（３・３％）と続いている（表参照）。その結果、ミャンマーの対日貿易黒字は6億９２００万ドルとなり、6年連続の赤字から黒字に転じている。

ビルマの主要輸入国を２０１７～２０１８年の統計でみると、かつてその大半を占めていた東南アジアの比重が約41％に減少し、やはりここでも中国が第一位の座を占めている。その総額は60億８７００万ドル（構成比32・2％）と突出している。以下シンガポール、タイと続く。日本は、第四位で、総額九億６７００万ドル（構成比５・２％）となっている。

こうした日本企業の進出と併せ、現在、日本政府はミャンマーに多くの支援をしており、事実上最大の援助国となっている。近年（２０１８年）の統計によれば、ＯＤＡ援助金の累計は日本円にして１兆１３６８億円の協力資金（有償の円借款）、それ以外に３２２３億円の無償資金協力ならびに９８４億円にのぼる技術協力を実施しているというのが実態である。

現在、遅れているとされていた物流インフラの整備は、タイのバンコクから西へミャンマーの南部ダウェーに向けての「経済回廊」が建設中である。そして、ダウェーには、日本、タイ、ミャンマーの共同出資によるアジア最大級の工業団地が開発中である。

第7章

国軍クーデターとミャンマー国民の現在

―日本の責任を考える―

(1) 国軍の「主権」回復を狙う

ミャンマー・ヤンゴンで、抗議デモの警戒に当たる国軍兵士ら（3月2日、共同通信）

2021年2月1日、国軍はミンアウンフライン総司令官の主導の下でクーデターを実行した。それによって、ミャンマーの民主化を実現するための国民和解を政治的基本としていたアウンサンスーチー国家顧問やウィンミン大統領ら政権を担当する政府の要人は逮捕・拘束された。第二次世界大戦後、ビルマそしてミャンマーにおける軍によるクーデターは、ネ・ウィンによる1958年と1962年の2回、そして、1988年のソウマウンの軍事クーデターについで四度目となる。まさに、暴挙としかいいようがない。ビルマの政治は、独立後数年の後から、軍事独裁政権が長期に渡って続けてきた。1989年に国名をビルマ（バーマ）からミャンマーに移行した後も、1992年以降、タンシュエによる軍政は継続されていた。

しかし、２０１１年に、軍政を引き継いだテインセインが大統領に就任して以後、その「民政」は、順次に民主的改革を進めていく。そして、２０１５年11月の総選挙によってアウンサンスーチーらのＮＬＤが圧勝し、戦後初めてとなる民主的なアウンサンスーチー政権が誕生したのである。彼女たちは、その政治改革に対する国軍の妨害を受けながらも、徐々にではあるが民主化に向けての活動を続けていた。それを、軍事力によって、またしても過去の軍事政権にもどす行為が堂々と実行されたのである。その行為を、ビルマ政治の伝統的な遺産の継承と認めるわけにはいかない。

アウンサンスーチーの目指していた政治は、軍事政権のように一人の軍人独裁者による「人の支配」から議会制民主主義という「法の支配」を基本原則と宣言していた。そして、法に従って前年２０２０年11月8日の総選挙では、予想通りＮＬＤが改選の8割近い３９０議席を獲得して勝利したのである。その選挙結果を受けて、彼女は「しっかりとした基盤の上に平和で発展した民主連邦国家を樹立する。この目標を見失ったことはない」と演説で強調した。さらに、「和平合意、長期的な国益と国民の期待に合致する憲法の誕生に全力をつくす」と述べている。

それに対して、国軍側は、選挙に８６０万人分の不正があったとしてそれを認めようとしなかった。だが、この総選挙については、日本、ＥＵ（欧州連合）それに国内外の市民団体の監視活動が実施されており、「有権者は自由に投票できた」（アメリカのカーターセンター）など、結果は信頼できるとの評価が報告されている。

クーデター実行直前の1月26日、軍の報道官は記者会見にて「軍は憲法と法律に従う」としつつも、「実力で権力を奪取しないか」との記者の質問には「そうとも言えない」と発言し、軍によるクーデターの可能性を否定していなかった。翌日（27日）、ミンアウンフライン国軍総司令官は、「われわれは憲法に従う。しかし憲法が守られないなら破棄しなければならない」と発言し、同様にクーデターの可能性をにおわせていた。そこには、NLDの勝利に対し、国軍系の連邦団結発展党（USDP）が議席を41から33に減少させたことで、政治的に不利な状況に追い込まれていたという危機感が大きかった。それゆえに、力による脅しによってNLD側に揺さぶりをかけたことが推測できる。

ミンアウンフライン（EPA）

ついに2021年の2月1日、「憲法と法律に従う」と明言しておきながら、ミンアウンフライン国軍総司令官は自分自身ならびに国軍の野望を実現するために、その法を無惨にも破ってクーデターを実行したのである。彼がクーデターを実行した理由は、「2008年憲法」がNLDの圧勝で改正されるという危機感、また彼自身の問題としての定年規定（65歳）が国軍総司令官としての退官につながること、あるいは国軍系企業のビジネス利益がなくなる等々が伝えられている。

しかし、軍事クーデター最大の理由は、国軍の有する「主権」の回復にあったことが推測できる。すでに述べたことであるが、それはアウンサン将軍が創設した「ビルマ独立義勇軍」が有していた性格でもあった。すなわち、国内の問題として、軍は国家と国民を守るための責任と義務を有するという強い意思を持っているということである。対外的な敵の侵略に対する軍事活動以上に、国内政治の安定を重視してその治安と秩序の安定をはかるという、ビルマ国軍独特の思想と責務である。その使命感は、われわれが想像するよりも強いものがある。その責務を有するがゆえに、自分たちこそ主権を有する組織であると結論付けている。この考え方は、近代民主主義の理念とはまったく相容れない哲学観である。しかし、そのことを単に古いとか幼稚であるとして批判するだけでは、このビルマ特有の「軍事クーデター」を理解することはできない。国軍は、その創設者アウンサン将軍を尊敬しているがゆえに、その娘であるアウンサンスーチーに対しても一定の敬意を払わねばならないという認識も有している。また、彼女自身も、父親を意識していることで、徹底した国軍批判をせずに国軍をある意味で「敬う」気持ちを有していることも考慮する必要がある。

今後、ミンアウンフライン個人と国軍組織に対して、どのように対処していかねばならないか、そしてそのためには何が必要であるかを冷静に考えるに際して、この国軍の論理を理解した上で問題の解決に対処しなければならない。そうしなければ、このビルマ（ミャンマー）問題の解決は困難なものとなる。

2月1日のクーデターの直後（米国日時、1月31日）、アメリカのサキ大統領補佐官は声明を出し「民主的規範と法の支配を堅持し、拘束された者を即日解放するよう」にと国軍に要請した。このことは、バイデン大統領もその行方を注視していることを意味する。そして、事態が収束に向かわない場合は「責任ある者に対し行動をとる」との強い警告を発している。同日、アウンサンスーチー国家顧問は、NLD発表声明として「国軍の行動は、国を独裁下に戻すものだ」と批判すると同時に、「国軍のクーデターを受け入れず、全身全霊で抗議してほしい」と国民に求めた。その彼女の呼びかけに応える形で、国民による大規模なデモの可能性が高まっていった。

そうした声明や警告を無視するかのように、同日（2月1日）、国軍系テレビは、国軍出身のミンスエ副大統領が大統領職を代行して非常事態宣言に署名し、ミンアウンフライン国軍総司令官に国権が委譲されたと発表した。これにより、ミンアウンフラインが実権を掌握したことが明らかとなった。これを受けて、バイデン米国大統領は「掌握した権力をただちに放棄し、拘束された者を解放するよう国軍に圧力をかけるため、国際社会は一つの声で団結すべき」と呼びかけるとともに、民主化への逆行に対しては制裁の復活を示唆した。この呼びかけに応えるかのように、同日（1日）フォンデアライエンEU委員長、ジョンソン英国首相なども国軍の行動を非難している。日本政府は、茂木敏充外務大臣が、民主化を阻害する事態を「重大な懸念」と表明し、アウンサンスーチーらの解放を求める談話を発表している。国連安全保障理事会は、翌2日に開催しこの事案を討議していった。しかしミャンマーへの非難決議に際しては、中国・ロシアの「抵抗」により強硬な非難決議は出せなかった。中国にとっては、「一帯一路」政策の一環として、ミャンマーを陸路としてインド洋へ通じるルートを確保し、また大きな経済的利益を得るというねらいがあるものと思われる。

ヤンゴンでクーデターを起こしたミャンマー国軍に抗議する人々（7月14日、共同通信）

(2) 広がる「不服従」抵抗運動

こうした国際政治状況の中、現地のミャンマーにおいては、国軍と学生や市民との対立がますます激しくなっていた。2月6日、ヤンゴン市内で約1000人規模のデモが始まり、翌日には数万人という大規模な集会が開催された。軍の独裁に対する抵抗を示す三本指を掲げるポーズは、SNSを通じて拡散していった。また、クーデター後に、医療従事者たちが呼びかけた「市民的不服従運動」（CDM）の波も広がり、軍政に反対する教員、公務員、国営企業の職員（国営ミャンマー航空、MNA）、さらには一般企業の人々や僧侶たちも参加して明確な「不服従」という手段で抗議の意思を示していった。この抵抗運動は、アウンサンスーチーがガンディーから学び取った「非暴力・不服従」の精神である。実際には、職場放棄、軍の商品を買わない（不買運動）、銀行預金の引き出し、電気料金や税金の不払い、学校再開に協力しない（登校しない、出勤しない、それらを近隣住民が阻止する）など多方面にわたっている。

この市民的不服従運動に賛同する力には、過去において軍政を体験した世代のみならず、アウンサンスーチー政権の継続を望む広範な人々によって、こうした軍事クーデターは今回で終わらせるのだという強い意志が存在していると考えられる。

彼女の「非暴力・不服従」の精神は、1988年の軍政に抗議する民主化運動の中で早くも述べられている。1989年7月、ヤンゴン市内の路上で市民を前にして運動のあり方について、彼女が「権力への反抗とは、規律正しく、平和的な反抗であるということを、私たち国民は理解する必要があります」（伊野憲治編著、1996年）と訴えたことに表明されている。それは、決して武力によって抵抗するのではなく、あくまでも「規律正しく、平和的な反抗」とすべきであると呼びかけている。したがって、彼女の国軍に対する抵抗は、常に「平和的」に実行されることが前提となっている。そして、この精神をもって、デモ隊の人々は無抵抗で立ち向かっていた。

しかし、９日、首都ネピドーの無抵抗のデモ隊に対して警察側が銃撃し、最初の犠牲者が出てからの抗議デモは地方へと拡散し激しさを増していく。その動きは、少数民族の人たちにも広がっていった。当然に、デモの規模が大きくなるにつれて、治安部隊としての警察と国軍の弾圧は厳しくなり、多数の死傷者を出すという残念な結果となっていく。しかし、国民の抵抗は続き、22日には、過去最大のデモと併せてゼネストが実施されていく。

３月27日は国軍の創立記念日である。その日も国軍の治安部隊がデモ隊の抗議に発砲し、子どもを含む１００人以上の市民が死亡するという惨事になった。これに対して、国連のグテレス事務総長は「最も強い言葉で非難する」と表明している。また、国連人権理事会ミャンマー担当のアンドルーズ特別報告者は、ツイッターで「国軍は守るべき国民を大量に殺害して『国軍記念日』を祝った」とその残虐性を非難した。

こうした中、３月31日、ＮＬＤの議員たちは「２００８年憲法」を廃止して、新しい民主国家の樹立をめざす「連邦民主憲章」を発表している。そして、暫定文民政府である「国民統一政府」（ＮＵＧ）を樹立して、国軍に反対する人々を結集して国軍の軍事独裁政権を打倒することを訴えた。少数民族武装勢力の10組織も、この「憲章」への支持を表明する。

（３）日本国内でも抗議活動展開

一方、日本国内においても、こうしたミャンマー市民の抗議活動に賛同する動きが顕著に見られるようになった。新聞報道によれば、4月4日、京都でも軍事政権への「不服従運動」を支援する募金活動が行われ、関西の学生グループ代表は「ミャンマーで起きていることは、決して対岸の火事ではなく、民主主義の危機であることを多くの人に知ってもらいたい」と訴えている。さらに、4月9日、首相官邸前ではNGOの32団体が、不当な手段で権力を奪取した国軍に対する経済的支援を打ち切るよう政府に要請している。同時に、大きなビジネスを有している国軍の経済的資金源を遮断することも要請した。それは、ミャンマーに対して、最大の経済的支援を行っている日本政府に対する当然の抗議でもあった。また、4月16日、国内の2組の平和団体が共同でミャンマー国軍の武力弾圧を中止させるための措置を取るように、外務省に対して要請行動を行っている。それに対して外務省は、「国民への武力停止などを求めてきた。政府開発援助

国軍のクーデターから半年となり、プラカードや横断幕を掲げ抗議する在日ミャンマー人ら（8月1日、共同通信）

（ＯＤＡ）については対応を検討している」と回答した。国軍を利する日本政府の支援「停止」は、早急に実施することが求められている。

4月24日、インドネシアのジャカルタで、ミャンマー問題を協議するＡＳＥＡＮ（東南アジア諸国連合）首脳会談が開催された。会議にはビルマからミンアウンフライン国軍総司令官も出席したため、直接、暴力の即時中止、平和的解決、ＡＳＥＡＮの人道援助の支援など5項目の要求を要請した。それに対して、ミンアウンフラインは「現時点は法と秩序の回復が優先事項だ」として明確な返答も拒絶もしなかった。さらに、国軍は2年以内に総選挙を実施する政治行程を促進すると言明している。協議は、最終的に「外国人を含む全政治犯解放」を呼びかけるとの議長声明を盛り込んで終了した。

一方、日本政府は、クーデター後に新規のＯＤＡの供与はしないことを決定したが、現在実施中のＯＤＡを停止することはしていない。それによって、現在の日本は、円借款と無償資金協力の合計で60件約８０００億円、そして技術協力22件というミャンマーへの最大の経済援助国となっているというのが実態である。これでは、表向きにクーデターを非難しても、そのまま援助を継続するということは国軍を支援することに変わりはない。そもそも、ＯＤＡの原資となっているものは国民の税金である。その日本国民の税金が市民を弾圧し殺害している国軍の資金源となっている現状を放置することは許されないことである。

5月5日、ＮＬＤや少数民族勢力が結成した「国民統一政府（ＮＵＧ）は、国軍側の非道な暴力から国民を守ること目的として「人民防衛隊」を結成したと声明を出した。これは、国軍からの弾圧に対して自衛の権利として行うとしているが、「不服従運動」とは異なる力に頼っての行動だとすれば、アウンサンスーチーの提唱している「非暴力・不服従」の民主化運動とは明らかに矛盾し、その実態と活動が懸念されるところである。なぜなら、「自衛」の名で軍事的に国軍と対抗することは、さらに大きな国軍による弾圧に正当性を与えてしまう危険性が出てくるからである。そして、最新の武器を備える国軍40万人に対して対決することは無謀な行動ともなる。翌6日、国軍はNUGをテロ対策法に基づいてテロ組織に指定した。

それに対して、NUGのラシラー副大統領は9月7日、オンライン演説で国軍の残虐な弾圧を非難し、「持続的な平和をもたらす連邦国家を樹立するために、正義の革命闘争が必要だ」と国民に訴えた。これまでミャンマーの民主派と国民（市民）は、不服従運動や抗議デモなど、おもに平和的な手段で軍政に抵抗してきた。そこには、アウンサンスーチー顧問の「非暴力・不服従」の政治理念が遵守されていた。それだけに、この演説はミャンマーの民主主義化にとって非常に危惧される問題を含んでいる。

確かに「人民防衛隊」の行動については、国軍による無差別の軍事的弾圧によって多くの死傷者が出ている現実、さらには国軍の弾圧が継続する中においては、その非常手段もやむなしとの意見もでている。そして何よりも、このような国連を含む世界からの軍事的支援もなく、国民が絶望的な状態におとしめられている非常時には、暴力の行使も是認されるという考え方がある。あるいは、こうした非道な軍事クーデターは、国民の生命、身体、財産等を保護するために今回で終わらせなければならないとする意見もある。それゆえに、市民（国民）による暴力による抵抗手段は、緊急避難あるいは正当防衛として是認しなければならないとの意見が出てくる背景があると考えられる。

５月24日、アウンサンスーチーは首都ネピドーの特別法廷で開廷された審理に初めて出廷した。審理の中で、彼女は無線機などを違法に輸入したという輸出入法違反、新型コロナ対策を怠った自然災害管理法違反、さらにはＮＬＤがクーデターを認めないよう国際社会に訴え社会不安をあおったとする刑法違反など６件の罪状で訴追されていた。

弁護団によれば、彼女の健康状態に問題はなく、国民向けメッセージとしてＮＬＤ（国民民主連盟）は「人々のために結成された。人々がいる限り、ＮＬＤは存在するだろう」と、国民がいる限り党は存続するということを託している。この裁判の審理は、７月中に終了する予定で、８月中旬にも判決が言い渡される見通しとなっている。しかし、10月現在においても、その審理と判決は不明である。これに関して、国際人権団体のヒューマン・ライツ・ウォッチは声明を出し「スーチー氏の嫌疑はでっち上げ」だとして、国軍に対し直ちに無条件で解放すべきだ促している。なお、国軍側より不正があったとした先の総選挙の実施について、国際ＮＧＯ「自由選挙のためのアジアネットワーク」（ＡＮＦＲＥＬ）は、選挙結果は「国民の意思を反映している」との結論報告書をまとめている。

6月1日、クーデターで国軍が実権を掌握してから4カ月目、新聞報道（「毎日新聞」バンコク支局発6月1日付）は、最大都市ヤンゴンでは国軍の厳しい弾圧によって抗議デモが小規模化し、市民生活はしだいに平常にもどりつつあると記載している。そして、「日本貿易振興機構（ジェトロ）ヤンゴン事務所によると、現在のミャンマーには400社以上の日系企業が進出。2月のクーデター直後は工場などが一時休業したが、4月以降はほぼ通常に戻った」と伝えている。また、日本が支援するティラワ経済特区の稼働率も高まり、日本の縫製業者などが集中する工業団地も稼動していると報道した。しかし、その後も国軍による村の焼打ちや銃撃の弾圧は続いている。そのような治安部隊からの弾圧を避けるために、現在においても小規模なデモが各都市部で発生しているのがミャンマーの現状である。

6月8日、こうした事態に対して、衆議院本会議において「ミャンマーにおける軍事クーデターを非難し、民主的な政治体制の早期回復を求める決議」が賛成多数で可決された。さらに11日には参議院にても決議されている。その内容は、国軍クーデターは「民主化の努力と期待を踏みにじるもの」であり現体制の「正当性は全く認められない」と非難し、「自らの自由と人権、民主主義を取り戻すために声を上げ行動を続けているミャンマー国民と共にある」と表明するものであった。そして、国軍指導部に対して、民間人に対する残虐行為やアウンサンスーチー国家顧問をはじめとする不当に拘束された国内外の人々の即時解放、民主的な政治体制の早期回復などを求めたのである。さらに、日本政府に対しては、「国際社会とも連携し、あらゆる外交資源を駆使して、速やかな実現に全力を尽す」ように強く要請している。

この非難決議は、民主主義を何としても擁護するという衆参両議院議員の意思が込められた内容となっていた。日本政府はこの非難決議を真摯に受け止めて、国軍クーデターの不承認とアウンサンスーチー政権への現状回復につとめ、さらに治安部隊（国軍）による国民に対する野蛮な弾圧を中止させるよう緊急に尽力すべきである。新聞報道によれば、６月18日現在、鎮静化したとはいえども、国軍の弾圧による市民（国民）の犠牲者は判別しているだけで８７０人となっている。また、日本人ジャーナリスト北角裕樹氏の二度にわたっての拘束（後に解放）などもあり、日本政府として傍観することはできない。事態は危機的状況であり、より早急な対策が求められている。

クーデターから半年後、８月３日の「毎日新聞」の社説は「この間に殺害された市民は９４０人に上り、７０００人近くが逮捕された。拷問も行われている」と記し、「国際社会が圧力強める時」であると強調している。さらにミャンマー国内においても新型コロナウィルスの感染が広がっており、医療体制の遅れもあり、貧困層に打撃が与えられていること報じられている（「毎日新聞」２０２１年８月14日）。ヤンゴンでは１日の死者が１３００人の日もあるといわれており、危機的な状況に置かれている。

また、８月30日、ＮＨＫ朝のラジオ解説において、ロヒンギャ問題が取り上げられ、隣国バングラデシュへの難民が70万人に達したこと、その強制帰還は国軍支配の現状では極めて危険であると指摘している。そしてミャンマー国内における市民の犠牲者が1000人に達したことも報じている。

こうしたミャンマー情勢の中で日本政府の対応について考えておかねばならない問題が生じている。そのための参考資料として、国際報道のニュースサイト「日刊ベリタ」（永井浩報道）を参考にしながらこの問題の背景と真相を探っていきたい。

(4) 国軍と「独自のパイプ」を持つ日本政府の疑惑

日本政府はミャンマー政府との直接の外交交渉によって政治経済等を話しあっている一番の窓口である。しかし、国軍との関係に限ってみると、政府以外に旧南機関やその他の民間団体・組織を通じて結びついているという実態がある。それは過去において、政府要人や与党議員が口にする「独自のパイプ」の存在のことである。その一つに「日本ミャンマー協会」の存在がある。当協会の設立は、2011年のテインセイン大統領による「民政移管」の翌年（2012年）の発足である。その目的は、ミャンマーへの民間の窓口として、両国の多岐にわたる分野の交流を発展させるため、民間の投資、貿易の拡大、技術協力など経済的発展の関係を構築していくこととされている。

会長は、元郵政大臣の渡邊秀央氏で、副会長には大手商社の三菱商事、丸紅、住友商事の元トップが就任している。いわゆる、この3社は、ティラワ特別経済特区開発を担った中心的な企業である。協会役員の理事には、自民党、公明党、立憲民主党の元・現国会議員や関係省庁の事務次官経験者、そして民間大手企業の役員が名を連ねている。また、顧問には歴代の駐ミャンマー大使が就任している。さらに、協会は大手企業の12社を正会員として構成されている。その意味で、協会は「日本株式会社の縮図」「オールジャパン」とも言われているように、非常に強固な体制となっている。そのうちの、現職国会議員の関係者をみると、最高顧問に麻生太郎副総裁・前財務大臣、理事に甘利明自民党幹事長・元経済再生大臣・前税務調査会長、加藤信勝前官房長官、そして立憲民主党からも福山哲郎幹事長と安住淳元財政大臣・現国会対策委員長などが名を連ねている。

そこで考えられることは、今回のクーデター後も日本政府の国軍に対する、ＯＤＡ（政府開発援助）などのミャンマー支援が継続されている、その優柔不断な対応の背景には、こうした協会などの「独自のパイプ」が何らかの形で関係しているのではないかという疑惑である。というのも、今回の軍事クーデターに関連して、同協会関係者の言動には少なからず不審な点が見受けられるからである。一例を示すと4月9日、国軍が設置した「国家統治評議会」の国軍報道官は、今回の軍事クーデターに関して「木を育てるためには、雑草は根絶やしにしなければならない」と記者会見で発言した。これについて、同日のＮＨＫテレビニュースは、この報道官発言について「スーチー氏らを拘束し、デモ隊を弾圧する軍の行為は正当だ」と報道官が主張していた事実関係を報じた。ところが、同「協会」理事の甘利明当時・自民党税務調査会長は、「根絶やしにするというのは、市民や国民ではなく、少数民族軍のこと」だと発言して、あたかも国軍の行為をかばうかのような態度をとったのである。

また、クーデター直前の1月19日、会長の渡邊秀央氏が首都ネピドーでミンアウンフライン国軍総司令官と会談をしていたことも疑惑の一つとなっている。さらに、クーデター後の5月13日の深夜、彼はヤンゴンへと出航し、ミンアウンフラインと会う予定だとされていた。渡邊氏の出国直後に、拘束されていたジャーナリストの北角裕樹氏が解放されたことから、そこには何らかの関連があったのではとの憶測がある。いわゆる、「協会」を通じて「独自のパイプ」が関係したのではという疑惑である（以上の多くを、永井浩「日刊ベリタ」から参照）。

渡邊氏とミンアウンフライン総司令官との会談は、現在までに確実視されているだけでも計24回にもおよんでいるという。ちなみに、アウンサンスーチーとの会談はわずか一度きりという状況であることからして、いかに同協会が政権側よりも国軍側と緊密に関係しているかが判明する。そして、渡邊氏はミャンマーの軍政時代を通じて、焦げ付いていた円借款約4000億円の取り消しや、その後の年間1000億以上の円借款にも深く関わっていたということも報道されている。すでに日本政府には、軍政に対する円借款のうち、1990年から1999年にかけて700億円余りの返済を免除していたという実績があった。

2人は、「民政」移行後にティラワ経済開発を通じて懇意となったのが縁となり、渡邊氏が日本の政財界に根回しをして巨額のＯＤＡ供与を約束し、オールジャパン体制でこのティラワ開発に総力を結集して実現させたとされている。それは、２０１３年に当時の安倍首相がミャンマーへ大手企業役員を引き連れて訪問し、ティラワ開発の重要性と日本との共同開発について演説したことにも表れている。

この共同開発をミャンマー側で担当したのは国軍と密接な関係にあった財閥企業であり、ミンアウンフラインも銀行、ホテル、製鉄など多くのクローニー企業（国軍系の企業や財閥）を所有している。また、渡邊氏が経営する会社は、国軍系の企業と合弁企業を設立している関係もある。したがって、このままアウンサンスーチーらのＮＬＤ政権が続いて民主化が進んでいけば、ミンアウンフラインたち国軍幹部たちの莫大な利権が減少ないし無くなっていくことは歴然としていた。そこにも、彼がクーデターを実行した理由の一つがあったことが考えられる。

いずれにしても、このように「日本ミャンマー協会」という存在を通じて、巨額の資金がミンアウンフライン個人や国軍が所有するクローニー企業へ流れていたという疑惑があり、今回のクーデターに何らかの影響をあたえたのではという推測は否定できない。そして、クーデター後の対応をめぐる日本政府の対応とその実行の緩慢さの中に、何らかの政治的・経済的理由が存在することも推測できるのである。というのも、かつて日本は、戦前に「日緬協会」を通じてビルマ政府や民間との交流を実施していたという実績があるからである。そして、同「協会」と関連してあの諜報機関としての「南機関」が創設され、後に「ビルマ独立義勇軍」を建軍したことを想いだしていただきたい。機関長となった南方軍参謀（元大本営参謀）の鈴木敬司大佐は、南益世と名乗り「日緬協会」の「書記」を名のって諜報活動を開始していた。そうしたことを考慮するならば、現在の「日本ミャンマー協会」の存在というものが、それに類似した「働き」をしているのではという疑惑は否定できないのである。すなわち、日本側の政治家ならびに大手企業とミャンマー国軍関係者（クローニー企業を含む）との間に、相互の利益獲得とその保持が存在しているのではないかという疑惑である。決してあってはならないことである。

(5) 私たちの責任を考える

6月16日、サッカー・ワールドカップ（W杯）予選のために来日していたミャンマー代表のピエリヤンアウン選手（27歳）が帰国を拒否し、日本政府に保護を求めた。彼は日本代表戦の時の国歌斉唱時、国軍への抵抗を意味する三本指を掲げる行為をとって、ミャンマー国民への支持を表明していた。そこで、彼は「国に帰ったら命の危険がある」と判断して難民申請を希望したのである。このことは、現在のミャンマーの置かれている状況を日本人の眼に焼き付けた。

そして6月18日に開催された国連総会では、ミャンマー国軍による国民への暴力が「最も強い言葉」で非難され、「ミャンマーへの武器の流入阻止」を加盟国に求めるという決議を賛成119、反対1、棄権36の賛成多数で採択したのである。

アウンサンスーチー国家顧問は、現在も国軍によって拘束されている（現在、自宅を出て、不明の場所に拘束されているとの情報がある）。しかし、かつて彼女は、1989年7月10日、最初の自宅軟禁処分を受ける直前の最後の野外集会にて、集まった1万人の聴衆を前にして「不当な権力に反抗せよ」と訴えていた。まず「民主主義とは何か」について、父親アウンサン将軍の言った言葉を引用して、言論の自由、思想の自由、信仰の自由などのあらゆる諸権利の説明をして「これらの諸権利のどれほどが、私たちにあるというのでしょうか」と聴衆に問うた。そして、それを獲得することがいかに大切かを述べた後で次のように言っている。

「私たちは、現在、問題に顔を背けていては、当面する問題の解決策を見いだすことはできません。当面する問題に対して、私たちは顔を背けてきたがために、この国は苦境に陥ったのです。私たちは問題に立ち向かっていかなければなりません。」（伊野憲治・編訳『アウンサンスーチー演説集』みすず書房・１９９６年）

アウンサンスーチーはこのように述べて、不当な権力に対しては顔を背けずそしてひるまずに立ち向かっていこうと呼びかけていた。さらに、以後の長期の自宅軟禁中においても、民主的な国をつくりあげるのだという強い意志をもち続けていた。そして、軍事政権の抑圧の中で民主主義を求める運動の進むべき道筋について力強く国民に述べていた。ここでも、民主主義は決して「与えられる」ものではなく、「勝ちとる」ものだということを自己の信念として持ち続けたのである。

「民主主義と云うものは、自由や正義そしてその他の社会的権限、政治上の権利と同様に『与えられる』ものではなく、勇気と決意をもって、あるいは犠牲を払ってでも、勝ちとるものなのです。…（中略）…国際社会における自由で平等な一員として、十全で有意義な生活を得るための戦いです。」（アウンサンスーチー著『自由』集英社・1991年）

現在、ミャンマー国内は、国家顧問の職にあったアウンサンスーチーとNLDの党員、そして国民が、国軍によってその政治活動や平穏に生きる権利を剥奪されている状況にある。10月10日、「毎日新聞」の電話インタビューに対して、ミャンマー国軍の国家統治評議会（SAC）のゾーミントゥン報道官は、「ASEAN側が求めるアウンサンスーチー氏ら拘束中の国民民主連盟（NLD）幹部と特使との面会は受けられない」との考えを示した。それゆえに、1日も早いミャンマーにおける平和と平穏な社会を取り戻すことが求められている。そのためには、日本政府そして私たち一人ひとりが冷静に考え、そして行動していかなければならない。

それは、私たちに与えられた大きな課題でもある。

おわりに

私はビルマ（ミャンマー）問題あるいはビルマ歴史の専門家ではありません。ビルマに関係しているものが何かあるとするならば、戦前における日本軍のビルマ占領、そしてその後に実施されたインパール戦についての調査研究といえます。その意味で、私が網羅的にビルマ史や現代の軍事クーデター問題について論じることなど本来ならば大変困難なことです。本書出版の契機は、私のインパール戦を題材にした著書の出版に際し、出版社との打合せをしていた時に始まります。その時、ミャンマーの軍事クーデターが話題となり、私の国軍の源流は旧日本軍が拘わっていたとの発言から、編集者の丸尾忠義氏からビルマ問題の執筆を依頼されたというわけです。

当然、ビルマ史を専門的に研究している者ではないという理由でお断りしました。しかしながら、私もアウンサンスーチー氏たちＮＬＤやビルマ国民が進めてきた民主化運動が、軍事力という力によって理不尽にも抑え込まれたことの不当性は許されるものではないと考えていました。それゆえに、問題解決のための一つの「資料」として提供できればとの思いをもって、せん越ながら執筆を引き受けることにしました。

本文の多くは最後に記載している参考文献等に依存し、それらの貴重な文献を参考にしながらの執筆活動となりました。中でも、ビルマ近現代史の専門家である上智大学教授根本敬氏の著作文献から多くを学ばせていただきました。特にビルマ史については、氏の『物語 ビルマの歴史』の構成を参考にしながら私なりにビルマ史を時系列に叙述していきました。その他、多くのビルマに関わる研究者の方々の諸文献・著作を参考とさせていただきました。それらの貴重な文献ならびに新聞報道などを参考にしてようやく本書を完成させることができました。その意味において、本書は多くのビルマ（ミャンマー）研究書を土台として、私があらためて再編集した書ともいえます。参考文献の著作者の皆様に厚くお礼を申し上げるしだいです。

さらに、本書の内容構成と編集に御尽力いただいた日本機関紙出版センターの丸尾忠義氏に深く感謝する次第です。

ミャンマーの平和と平穏な社会が、一日も早く実現することを願ってやみません。

２０２１年10月吉日

柳田文男

【ビルマ（ミャンマー）近現代史年表】

＊本書の内容が、ビルマがイギリスと日本に軍事的に占領された時期からの近現代を中心に記している関係上、年表はイギリスの支配開始前後からの出来事を、日本との関連を含めて作成したもの（筆者）。

西暦	出来事
1824	第一次**英緬戦争**（～ 1826）
1852	第二次英緬戦争（下ビルマがイギリス領に）
1857	ミンドン王、マンダレーに新都を造営
1881	カレン民族協会が結成
1885	第三次英緬戦争
1886	3月、**ビルマ全土が英領インド帝国の一州**となる
1894	**日清戦争**開始
1904	**日露戦争**開始
1906	仏教青年会（YMBA）の結成
1914	第一次世界大戦の開始
1915	アウンサン誕生
1920	ラングーン大学開学、第一次学生ストライキ
1929	世界恐慌はじまる
1930	**タキン党（我らのビルマ協会）結成**
1931	**満州事変**の勃発
1935	4月、ビルマ統治法公布
1936	2月、ラングーン大学第二次学生ストライキ
	11月、「日独伊防共協定」締結
1937	4月、ビルマ統治法施行で**英領ビルマ**となる（初代首相バモア）
	7月、**日中戦争**開始

西暦	出来事
1938	10月、**アウンサン、ウー・ヌがタキン党へ入党**（アウンサン書記長に）
	「ビルマ暦1300年の叛乱」～1939年2月
1939	1月、**援蒋ルートの「ビルマ・ルート」開通**
	9月、**自由ブロック結成、第二次世界大戦の開始、日本軍の空襲**
1940	6月、**鈴木敬司**大佐、ラングーンで**諜報活動**開始。近衛新体制
	8月、**アウンサン**密出国でアモイ（中国）へ、**日本軍に拘束**され日本へ
	9月、「**日独伊三国同盟**調印」
1941	2月、「南機関」発足
	4月、アウンサンら**「三十人の志士」たち海南島で軍事訓練開始**
	7月、**日本軍、南部仏印へ進駐**
	8月、大西洋憲章発表（ルーズベルト、チャーチル）
	11月、東条英機内閣成立。「南方占領地行政実施要領」発表
	12月、**アジア・太平洋戦争開始。**
	バンコクで**「ビルマ独立義勇軍」（BIA）結成**
1942	1月、日本軍、ビルマ侵攻を開始（第15軍）
	2月、ガダルカナル島撤退
	3月、日本軍ラングーン占領
	6月、**日本軍ビルマ全土に軍政を布告**
	7月、「南機関」解散。**BIAも解散しビルマ防衛軍（BDA）に再編**
	8月、ビルマ中央行政府発足（バモウ長官就任）
1943	1月、カサブランカ会談（ルーズベルト、チャーチル）

西暦	出来事
1943	3月、日本軍ビルマ方面軍を編制
	8月、**日本、ビルマに「独立」を付与**（バモア国家元首兼首相）
	9月、イタリア無条件降伏
	11月、カイロ宣言（ルーズベルト、チャーチル、蒋介石）
	東京で大東亜会議開催（バモア首相参加）
1944	3月、**インパール作戦の開始**（～7月撤退）
	7月、東条内閣総辞職
	8月、抗日の反ファシスト人民自由連盟（パサパラ）結成
1945	3月27日、**抗日武装蜂起開始**
	5月、**イギリス、ラングーンを占領**。軍政の開始
	「ビルマ白書」（戦後の対ビルマ政策）
	ドイツ、無条件降伏
	6月、ビルマ国民軍を**愛国ビルマ軍（PBF）**に再編成、のち植民地ビルマ軍（正規ビルマ軍）と合流。アウンサンスーチー誕生
	8月、**ポツダム宣言受諾（第二次世界大戦終わる）**
	11月、パサパラを入れずに第一次行政参事会
1946	5月、極東国際軍事裁判開廷
	9月、パサパラ主導の第二次行政参事会発足
1947	1月、**「アウンサン＝アトリー協定」**調印（ロンドン）
	2月、**「パンロン会議」**
	5月、**制憲議会選挙で勝利したパサパラによる「憲法草案」作成開始**
	アウンサン制憲議会議長
	7月、アウンサンら暗殺される（後任にウー・ヌ）
	9月、新憲法、制憲議会にて承認

【ビルマ（ミャンマー）近現代史年表】

西暦	出来事
1947	10月、「ウー・ヌ＝アトリー協定」調印。**ビルマの完全独立**を承認
	11月、イギリス「ビルマ独立法案」を可決
1948	1月、**ビルマ連邦（共和制）成立**、初代首相ウー・ヌ
	3月、ビルマ共産党、武装闘争を開始
	10月、中華人民共和国の誕生
1949	3月、中国国民党軍がビルマ東北部への侵入、ビルマ国軍との戦闘
1950	6月、朝鮮戦争開始
1951	6月、第1回総選挙でパサパラの勝利、
	日本政府、ラングーンに在外事務所（翌年、総領事館に）
	9月、**サンフランシスコ講和条約、日米安全保障条約締結**
1952	4月、**ビルマ対日戦闘状態終結宣言**
1955	4月、**日緬平和条約および日緬賠償・経済協力協定の発効（正式に国交樹立）**
	日本の対ビルマ戦争賠償の開始
	12月、国連、日本の国際連合加盟を可決
1958	10月、**ネ・ウィン首相（元・国軍司令官）**による選挙管理内閣
	国軍による政治介入が本格的に開始
1960	2月、第3回総選挙で連邦党が大勝、再度ウー・ヌが首相に。スーチの母（ドオキンチー）インド大使就任。
	6月、新日米安全保障条約が自然承認
1962	3月、**国軍クーデターに**より、ネ・ウィン（大将）を議長とする革命評議会が発足

西暦	出来事
1962	7月、**ビルマ社会主義計画党（BSPP）が結成、ネ・ウィンが革命評議会議長となる。本格的な軍事政権の発足で長期に渡り軍事独裁政治が開始**
1963	1月、日本、ビルマに対する**「経済技術協力協定」（準賠償）**を締結
1964	3月、BSPP以外の政党に解散命令（軍政の強化）
	4月、日本、経済協力開発機構（OECD）に加盟
1965	6月、日韓基本条約調印
1968	日本の**対ビルマ有償資金供与（円借款）開始**
1974	1月、**新憲法公布**、ビルマの新国名**「ビルマ連邦社会主義共和国」**に
	3月、形式的な**「民政移管」ネ・ウィン大統領に就任**（BSPP議長兼任）
1975	6月、学生・市民による反政府運動が始まる
	日本の対ビルマ無償資金供与の開始
	11月、第1回先進国首脳会議（サミット）開催（フランス）
1978	8月、日中平和友好条約調印
1981	11月、ネ・ウィン、大統領職を辞任してBSPP議長職に専念
1982	新「国籍法」施行
1988	3月、**学生・市民による大規模な反政府デモ**が発生
	7月、**ネ・ウィンBSPP議長を辞任**
	8月、反政府運動が全土に拡大、**ビルマ民主化運動**として展開
	アウンサンスーチーが民衆の前で初めての演説
	9月、国軍による**軍事クーデター、国家法秩序回復評議会（SLORC）を結成**（ソオマウン議長）軍政の開始

西暦	出来事
1988	**国民民主連盟（NLD）結成、アウンサンスーチー書記長**に就任
1989	6月、軍政による国名の変更、**「バーマ」（「ビルマ」）から「ミャンマー」へ**
	7月、**アウンサンスーチー自宅軟禁**に処せられる
1990	5月、複数政党制による**総選挙、国民民主連盟（NLD）の圧勝**
	6月、軍政（国軍）、**NLDの政権移譲を拒否**、議会を開会せず（「制憲国民会議」を開催）
	10月、東西ドイツ統一
1991	10月、**アウンサンスーチーにノーベル平和賞**の授与が決定
	12月、欧州連合（EU）創設
1992	4月、軍政のソオマウン議長退任、タンシュエが議長就任
1993	1月、制憲国民会議開催
1995	7月、**アウンサンスーチー、自宅軟禁から解放**
1996	5月、NLD独自の新憲法作成を開始に軍政が阻止
1997	5月、アメリカの対ビルマ経済制裁開始
	11月、**軍政**、国家法秩序回復評議会を**国家平和発展評議会（SPDC）**へ
2000	9月、アウンサンスーチー、**二度目の自宅軟禁**となる
2002	5月、アウンサンスーチー、自宅軟禁解放
2003	5月、**ディベーイン事件**で、アウンサンスーチーとNLD党員が襲撃される
	アウンサンスーチー、軍政に拘束され、**三度目の自宅軟禁処分に**
	7月、アメリカの対ミャンマー経済制裁の強化

西暦	出来事
2004	5月、制憲国民会議再開（8年ぶり）
2006	3月、**新首都をネピドー**にて、国軍記念日記念式典を開催
2007	9月、新憲法草案が制憲国民会議で審議終了
	9月、僧侶のデモに市民が参加する**大規模反政府デモ、軍は武力で弾圧**
	10月、国連安保理事会、議長声明によるビルマ情勢の憂慮
2008	5月、サイクロンによる大災害（死者14万人、被災者240万人）。同日、軍政による新憲法承認の国民投票を実施、賛成多数で承認を決定
2009	8月、アウンサンスーチーに懲役3年の有罪判決（アメリカ国籍男性のスーチー宅侵入事件の責任、）
2010	3月、軍政、「選挙関連法」を公布、アウンサンスーチーとNLD党員の選挙参加は不可能に）
	11月、総選挙の実施、軍政系の連邦発展党（USDP）が圧勝
	同月、**アウンサンスーチーの自宅軟禁を解除**
2011	3月、軍事政権の解散、新大統領に軍出身の**テインセインが大統領就任**
	9月、国家人権委員会を設置
	10月、第1回目の政治犯解放（2回目は、翌年の3月）
	12月、クリントン米国大統領がミャンマー訪問
2012	4月、**管理為替制度**に移行
	上下両院の**補欠選挙にて、アウンサンスーチーが下院にて当選**。その他地方議会を含めNLDの圧勝
	6月、アウンサンスーチー、オスロにてノーベル平和賞の受賞演説

【ビルマ（ミャンマー）近現代史年表】

西暦	出来事
2012	11月、オバマ米国大統領ミャンマー訪問、アウンサンスーチーと会談
2013	3月、国軍記念式典にアウンサンスーチーが来賓として出席
	＊「日本・ミャンマー協会」設立
	4月、アウンサンスーチー、日本政府の招聘で日本訪問
	5月、テインセイン大統領がアメリカを訪問（オバマ大統領と会談）
	安倍首相がミャンマーを訪問しトップセールス、テインセイン大統領と会談
	9月、アウンサンスーチー、ヨーロッパ三国を訪問
2014	8月、NLDら民主化運動グループが憲法改正を求める署名活動開始
	11月、東アジアサミットに出席した**オバマ大統領、ミャンマーを訪問してアウンサンスーチーと会談**（共同記者会見）
2015	11月、総選挙、NLDの圧勝。
2016	3月、**アウンサンスーチー政権の成立（NLD政権）**
	8月、国軍によるロヒンギャへの大虐殺（ラカイン州）
	9月、アウンサンスーチー、米国訪問しオバマ大統領と会談
	12月、アメリカ、ミャンマー経済制裁の全面解除
2017	2月、ティラワ経済特区ゾーンB開発の開始。
	12月、アウンサンスーチー、中国を訪問し習近平国家主席と会談、「中国・ミャンマー経済回廊」建設で合意。中国との石油パイプライン稼動
2019	2月、憲法改正をめぐり議会に検討委員会設置

西暦	出来事
2019	12月、国際司法裁判所でアウンサンスーチーがロヒンギャの大量虐殺を否定
2020	憲法改正案の大半が国軍議員により否決
	11月、**総選挙、再度NLDの圧勝**(連邦議会476議席中386議席獲得)
2021	**2月1日、国軍による軍事クーデター**。アウンサンスーチー国家顧問拘束
	3月、NLD「連邦民主憲章」を発表、**「国民統一政府」(NUG)の樹立へ**
	6月、**衆参両議院**にて軍事クーデターに対する**「非難決議」**を採択
	8月、ASEAN「ミャンマー軍政認知せず」
	9月、NUG「革命闘争」を国民に訴える

【参考文献】

・アウンサンスーチー著、マイケル・アリス編、ヤンソン由美子訳『自由』(集英社・1991年)(英語の原本は『Freedom Fram Fea』(『恐怖からの自由』)であることから、アウンサンスーチーが軍政の恐怖政治からの解放(自由)を求めて出版されていたかが理解できる)
・アウンサンスーチー著、伊野憲治編訳『アウンサンスーチー演説集』(みすず書房・1996年)
・アウンサンスーチー著、土佐桂子、永井浩『ビルマからの手紙』(毎日新聞社・1996年)
・アウンサンスーチー著、土佐桂子、永井浩、毎日新聞外信部共訳『新ビルマからの手紙』(毎日新聞社・2012年)
・五百旗頭真『戦後日本外交史』(有斐閣・2010年)
・石原伸志、魚住和宏、大槻啓一郎『ASEANの流通と貿易』(成山堂書店・2016年)
・生野善應『ビルマ佛教』(大蔵出版・1995年)
・伊野憲治『ミャンマー民主化運動』(めこん・2018年)
・伊東利勝「エーヤーワディ流域における南伝上座仏教政治」、『東南アジア史2—東南アジア古代国家の成立と展開—』(岩波書店・2001年)
・太田常蔵『ビルマにおける日本軍政史の研究』(吉川弘文館・1967年)
・大野徹「パガンの歴史」、石澤良昭編『岩波講座　東南アジア史2—東南アジア古代国家の成立と展開—』(岩波書店・2001年)
・工藤年博編『ミャンマー経済の実像—なぜ軍政は生き残れたか—』(アジア経済研究所・2008年)

・工藤年博編『ミャンマー政治の実像―軍政23年の功罪と新政権のゆくえ―』（アジア経済研究所・2012年）
・工藤年博・大木博巳他編『アウンサンスーチー政権下のミャンマー経済―最後のフロンティアの成長戦略―』（文眞堂・2020年）
・久津間保治著『防人の詩（インパール編）』（京都新聞社・1979年）
・久津間保治著『防人の詩（ビルマ編）』（京都新聞社・1973年）
・榊原政春『一中尉の東南アジア軍政日記』（草思社・1998年）
・佐久間平喜『ビルマ（ミャンマー）現代政治史』（勁草書房・1993年増補版）
・G・E・ハーヴェイ、東亜研究所訳『ビルマ史』（原書房・1976年）
・瀬川正仁『ビルマとミャンマーのあいだ』（凱風社・2007年）
・関満博編『ミャンマーー日本企業の最後のフロンティアー』（新評論・2020年）
・武島良成『「大東亜共栄圏」の「独立」ビルマ』（ミネルヴァ書房・2020年）
・竹中千春『ガンディー―平和を紡ぐ人―』（岩波書店・2018年）
・田中寿夫『ビルマー「発展」の中の人びとー』（岩波書店・199年）
・永井浩、田辺寿夫、根本敬『アウンサンスーチー政権のミャンマー』（明石書店・2016年）
・中坪央暁『ロヒンギャ難民100万人の衝撃』（めこん・2019年）
・中西嘉宏『軍政ビルマの権力構造―ネー・ウィン体制下の国家と軍隊―』（京都大学学術出版会・2009年）
・日本貿易振興機構・編集『ジェトロ世界貿易投資報告　2018年版』（日本貿易振興機構・2018年）

【参考文献】

・根本敬「ビルマの独立運動と日本」大江志乃夫他編『岩波講座　近代日本と植民地6―抵抗と屈従―』岩波書店・1993年）
・根本敬『アウン・サン』（岩波書店・1996年）
・根本敬「ビルマの独立」、後藤乾一編『岩波講座　東南アジア史8―国民国家形成の時代―』（岩波書店・2002年）
・根本敬『抵抗と協力のはざま』（岩波書店・2010年）
・根本敬『ビルマ独立への道』（彩流社・2012年）
・根本敬、田辺寿夫『アウンサンスーチー』（角川書店・2012年）
・根本敬『物語　ビルマの歴史』（中央公論新社・2014年）
・根本敬『アウンサンスーチーのビルマ』（岩波書店・2015年）
・ベネディクト・ロジャーズ、秋元由紀訳『ビルマの独裁者タンシュエ』（白水社・2011年）
・防衛庁防衛研修所戦史室著『戦史叢書　ビルマ攻略作戦』（朝雲新聞社・1966年）
・防衛庁防衛研修所戦史室著『戦史叢書　インパール作戦―ビルマの防衛―』（朝雲新聞社・1968年）
・防衛庁防衛研修所戦史室著『戦史叢書　イラワジ会戦―ビルマ防衛の破綻―』（朝雲新聞・1969年）
・ボ・ミンガウン著、田辺寿夫訳編『アウンサン将軍と三十人の志士―ビルマ独立義勇軍と日本―』（中央公論社・1990年）
・丸山静雄『インパール作戦従軍記』（岩波書店・1984年）

・丸山静雄『インド国民軍』（岩波書店・1985年）
・水谷俊博・堀間洋平『ミャンマー経済の基礎知識』（日本貿易振興会・2017年）
・みずほ総合研究所『図解ASEANを読み解く』（東洋経済新報社・2018年）
・守屋友江編訳『ビルマ仏教徒―民主化蜂起と弾圧の記録―』（明石書店・2010年）
・六〇会編『二つの河の戦い―歩兵第六十聯隊の記録〈ビルマ篇〉―』（中央公論事業出版・1969年）
・渡辺俊夫・三浦有史『ODA（政府開発援助）』（中央公論新社・2003年）
・その他　各新聞社記事を参照

【著者紹介】

柳田文男（やなぎた　ふみお）

1947年、京都府に生まれる（旧・加佐郡大江町）。

同志社大学大学院社会学研究科（教育文化学専攻）博士後期課程修了。

元・中学校社会科教員、現在・同志社大学人文科学研究所嘱託研究員。

主著に『井上毅と教育思想』（晃洋書房・2020年）、『国体思想と学校教育』（私家本）、『一九九五年・ビルマ紀行 － 京都兵団とインパール戦 － 』（私家本）、『分隊長殿、チンドウィン河が見えます―下級兵士たちのインパール戦―』（日本機関紙出版センター・2020年）、『「屋根」より高い鯉のぼり―父ちゃんは、兵士として戦場へ―』（日本機関紙出版センター・2021年）

ビルマ独立義勇軍(1941)から国軍クーデター(2021)へ
歴史をたどり民主化運動と日本の責任を考える

2021年11月15日　初版第1刷発行

編著　柳田文男
発行者　坂手崇保
発行所　日本機関紙出版センター
〒553-0006　大阪市福島区吉野3-2-35
TEL 06-6465-1254　FAX 06-6465-1255
本文組版　Third
編集　丸尾忠義
印刷製本　シナノパブリッシングプレス
©Fumio Yanagida 2021
Printed in Japan
ISBN978-4-88900-264-5

万が一、落丁、乱丁本がありましたら、小社あてにお送りください。

送料小社負担にてお取り替えいたします。

日本機関紙出版の好評書

「分隊長殿、チンドウィン河が見えます」
下級兵士たちのインパール戦

【戦後75年企画】　柳田　文男／著

昭和、平成、令和と移り、戦争を知る世代は総人口の 2 割以下になった。戦禍の記憶と教訓をどう受け継ぎ、向き合っていけばいいのか。「史上最悪の作戦」と呼ばれるインパール作戦の犠牲者たちの遺骨が今なお眠る彼の地に立ち、遠く故郷を愛おしみ亡くなっていった下級兵士たちの慟哭を描く。

46判　214頁　本体1500円

日本機関紙出版
〒553-0006　大阪市福島区吉野3-2-35
TEL06(6465)1254　FAX06(6465)1255

戦争を知る旅
軍事要塞を訪れる

三枝妙子　写真集

北海道から沖縄まで、日本全国に今なお残る軍事要塞を一人の女性写真家が踏破、記録した写真集。戦争の現場に立った興奮と驚きがダイレクトに伝わってくる!

A4判変型　モノクロ　ソフトカバー
144頁　本体2000円

日本機関紙出版
〒553-0006　大阪市福島区吉野3-2-35
TEL06(6465)1254　FAX06(6465)1255

【コロナ対応最前線】

仕方ないからあきらめないへ
大阪府の保健師、保健所職員増やしてキャンペーン

感染者と医療現場をつなぐ保健所は、人手不足と責任を現場に押し付けるトップダウン行政で過酷な労働を強いられている。コロナ最前線のリアルな実態と、「公務員だから仕方ない」という「あきらめ」を乗り越え、声をあげチャレンジしていく姿を、これからの労働運動や市民運動へのヒントあふれる視点で描いたドキュメント。

〈共　編〉
大阪府関係職員労働組合
小松 康則

A5判 ソフトカバー122頁 本体1000円

日本機関紙出版
〒553-0006　大阪市福島区吉野3-2-35
TEL06(6465)1254　FAX06(6465)1255

ジェンダー視点で学ぶ 女性史

澤田　季江（新日本婦人の会京都府本部・事務局長）

いつの時代にもいた等身大の女性たちの姿。歴史をジェンダー視点で見つめ直すことは、誰もが自分らしく生きることのできる社会をつくる手がかり、変革の視座となるはず。女性史を手軽に学べる最適のテキスト刊行!

同志社大学教授
岡野八代氏
推薦!

A5判 ソフトカバー 128頁 定価1430円

日本機関紙出版
〒553-0006　大阪市福島区吉野3-2-35
TEL06(6465)1254　FAX06(6465)1255